Serie Piper:

Karl Jaspers

Augustin

R. Piper & Co. Verlag

ISBN 3-492-00443-1
© R. Piper & Co. Verlag, München 1976
Umschlag Wolfgang Dohmen
Gesetzt aus der Garamond-Antiqua
Gesamtherstellung Clausen & Bosse, Leck/Schleswig
Printed in Germany

Inhalt

I. Leben und Schriften 7

II. Von der Philosophie zur Glaubenserkenntnis 8

  1. Die Bekehrung. — 2. Verwandlung eigenständiger philosophischer Gedanken in Elemente offenbarungsgläubigen Denkens. — 3. Die Entwicklung des Denkens Augustins.

III. Augustins Denkweisen 14

  1. *Existenzerhellung und Bibel-Interpretation* 14
  a) »Metaphysik der inneren Erfahrung«. Beispiele: Gedächtnis. Selbstgewißheit. Zeit. — b) Bibel-Interpretation.

  2. *Vernunft und Glaubenswahrheit* 24
  a) Erkenntnislehre. — b) Offenbarung und Kirche. — c) Der Aberglaube.

  3. *Gott und Christus* 32
  a) Das philosophische Transzendieren. — b) Jesus Christus. — c) Trinität.

  4. *Philosophische Gedanken in der offenbarungsgläubigen Klärung* 42

  A. Freiheit 42
  Selbstreflexion. — Spaltung des Wollens vom Entschluß. — Angewiesensein und Entscheidungsnotwendigkeit. — Herkunft der Freiheit. — Die Unmöglichkeit des Bewußtseins guten Handelns. — Gegen die Stoiker. — Gegen die Pelagianer. — Dogmatische Formulierungen. — Kontrast zu anderen Gestalten der Freiheit: Nördliche Kraft, Propheten, Griechen, Römer, Plotin.

  B. Liebe 51
  Die Universalität der Liebe. — Die wahre Liebe. — Die Verfassung des Menschen in wahrer Liebe. — Die Weisen der Liebe (caritas-cupiditas, frui-uti). Ordnung der Liebe (ordo amoris). — Gottesliebe, Selbstliebe, Nächstenliebe. — Charakteristik.

  C. Weltgeschichte 57
  Augustins Ansatz und Resultat. — Augustins Interessenbereich, Begründungs- und Deutungsweise. — Geschichtlichkeit. — Charakteristik der Augustinischen Geschichtsphilosophie.

IV. Charakteristik und Kritik 61

  1. Die Persönlichkeit im ersten Gesamtaspekt. — 2. Vergleich mit Kierkegaard und Nietzsche. — 3. Das kirchliche Denken. — 4. Widersprüche. — 5. Die Werkform. — 6. Die Persönlichkeit.

V. Historischer Ort, Wirkungsgeschichte und gegenwärtige
    Bedeutung 78

   1. Historischer Ort. — 2. Wirkungsgeschichte. — 3. Augustins Bedeutung für uns.

Quellen 85

Literatur 86

I. Leben und Schriften

1. *Biographie:* In Thagaste, einer unbedeutenden numidischen Stadt Nordafrikas, wurde Augustin 354 geboren als Sohn eines kleinen heidnischen Beamten, Patricius, und einer christlichen Mutter, Monica. In seiner Heimatstadt, dann in Madaura und Karthago erwarb er sich die antike Bildung. Er nahm teil am ungebundenen heidnischen Leben. 372 wurde ihm ein unehelicher Sohn, Adeodatus, geboren. Ciceros »Hortensius« erweckte 373 im Neunzehnjährigen die Leidenschaft zur Philosophie. Augustin schloß sich dem Manichäischen Denken an, durchschaute 382 endgültig dessen Unwahrheit. Als Lehrer der Rhetorik hatte er Erfolg in Karthago, Rom (382), Mailand (385). Hier wurde er unter dem Eindruck der großen christlich-römischen Persönlichkeit des Bischofs Ambrosius 385 Katechumene, gab 386 sein Lehramt der Rhetorik auf, lebte mit Freunden, seiner Mutter Monica und seinem Sohn auf dem Landgut eines Freundes in Cassiciacum bei Mailand dem philosophischen Denken. 387 wurde er von Ambrosius getauft. Kurz vor seiner Rückkehr nach Afrika starb seine Mutter in Ostia. Von 388 an blieb Augustin sein ganzes Leben in Afrika. Dort wurde er 391 vom Bischof Valerius in Hippo »wider seinen Willen« zum Priester geweiht und 395 Bischof. Von diesem wenig bedeutenden Sitz aus übte er seine weltweite Wirkung.

Als Knabe hatte Augustin den Rückschlag gegen das Christentum durch den Kaiser Julianus Apostata erlebt und dann dessen Wiederherstellung durch Theodosius bis zur Aufhebung der heidnischen Kulte. Aber Julian hatte noch kraftvoll die Alemannen bei Straßburg besiegt. Als Augustin auf der Höhe seines Lebens stand, eroberte Alarich Rom. Augustin starb während der Belagerung Hippos durch Geiserichs Vandalen im Jahre 430.

2. *Die Schriften:* Die zwölf Folianten der Augustinischen Werke sind wie ein Bergwerk. In den unergiebigen Gesteinsmassen finden sich die Goldadern und Edelsteine. Die Grenzenlosigkeit drängt sich auf in rhetorischen Breiten, endlosen Wiederholungen; aber darin gibt es die knappen, geschlossenen, klassischen Stücke. Das Werk insgesamt zu studieren, ist eine Lebensaufgabe für Spezialisten oder eine Meditation für Mönche. Es ist, als ob Augustin jeden Tag geschrieben hätte und nun der Leser ein ebenso langes Leben zum Lesen wie Augustin zum Schreiben brauche. In dem maßlosen Umfang sind die Fundmöglichkeiten unerschöpflich für den geduldigen Arbeiter, der sie uns zeigt.

Alle erhaltenen Schriften stammen aus der Zeit nach dem großen persönlichen Eindruck, den Ambrosius auf Augustin machte, und nach der Aufgabe des Rhetorenberufs infolge seiner Bekehrung. Die frühesten sind dem gemeinschaftlichen Philosophieren in Cassiciacum erwachsen. Die erste Gruppe sind philosophische Schriften, durchweg Dialoge, in denen zunächst Christus und Bibelzitate selten vorkommen. Aber seine christliche Überzeugung ist wirksam und endgültig. Auch nach der Taufe bis zum Antritt des Priesteramts (387 - 391) bleibt weitgehend der philosophische Stil. Nun folgen durch das ganze weitere Leben die unabsehbare Masse der Predigten und Briefe, die umfangreichen Bibel-Interpretationen (besonders Psalmen und Johannes), die Lehrschriften (über den Unterricht der Neulinge, über die christliche Lehre, das Enchiridion) und daneben die großen Werke, unter denen drei von besonderer Bedeutung sind: 1. Die Bekenntnisse (Confessiones, um 400); Augustin preist und dankt Gott durch seine Autobiographie, in der philosophische und theologische Gedanken als Mächte dieses sich unter Gottes Führung wissenden Lebens erscheinen. 2. Über die Dreieinigkeit (De trinitate), die tiefsinnige rein spekulative Schrift (etwa 398 - 416). 3. Über den Gottesstaat (De civitate Dei, 413 - 426), die große Rechtfertigung des Christentums nach Alarichs Eroberung Roms und zugleich eine Gesamtdarstellung des christlichen Glaubens und Geschichtsbewußtseins. Als besondere Gruppen gelten, wie früher die Streitschriften gegen die Manichäer, später die gegen die Pelagianer und gegen die Donatisten.

II. Von der Philosophie zur Glaubenserkenntnis

1. *Die Bekehrung.* — Augustins Denken ist gegründet in seiner Bekehrung. Dem Kinde waren zwar schon christliche Motive durch die Mutter Monica eingeprägt, während Erziehung und Zielsetzung zunächst vom Vater in der heidnischen Überlieferung bestimmt wurden. Dieses Leben brachte ihm die Lust des Daseins, die sinnliche Fülle — und die Schalheit. Der Neunzehnjährige erfuhr den mächtigen Impuls der Philosophie. Er drängte aus der Schalheit ins Wesentliche. Auf Erkenntnis kam es ihm an. Der Weg durch manichäisch-gnostisches Scheinwissen führte zur Skepsis. Plotin ermöglichte ihm den großen Schritt: zur Einsicht in die Wirklichkeit des rein Geistigen, zur Befreiung von der Bindung an die bloße Realität des Körperlichen. Doch, wenn die Einsicht ihn auch beglückte, es blieb das Ungenügen. Das Leben änderte sich nicht.

Entscheidend war erst die Bekehrung. Augustin war 33 Jahre alt. Sie erfolgte plötzlich nach langem Drängen und Zögern, in dem die christlichen Keime aus der Kindheit wieder aufgebrochen, aber noch ohne durchschlagende Wirkung waren.

Augustin schildert: Sein Zustand der Unentschiedenheit brachte ihn eines Tages in Verzweiflung. Der innere Sturm ergoß sich in einen Tränenregen.

Er ging in den Garten. Dort hörte er aus dem Nebenhaus die Stimme eines singenden Knaben: »Nimm und lies!« Wie einem übersinnlichen Befehl gehorchend griff er zu Paulus und traf auf die Stelle »...ziehet den Herrn Jesum Christum an und pfleget nicht des Fleisches in seinen Lüsten«. Beim Schluß des Satzes »strömte das Licht der Sicherheit in mein Herz ein«. Der Entschluß hatte sein Wesen bis in den Grund durchdrungen. Er war endgültig. Der Gott, für den die Mutter Monica ihn geboren hatte, hatte ihn heimgeholt. Die Welt war verblaßt. »Denn du hast mich bekehrt, so daß ich nun auch kein Weib mehr begehrte noch sonst etwas, worauf die Hoffnung dieser Welt gerichtet ist.«

In der Zeit unmittelbar nach der Bekehrung lebte Augustin im Kreis seiner Freunde auf einem Landgut in Cassiciacum bei Mailand. In dem Frieden der Abgeschiedenheit sind die Freunde in den täglichen Diskussionen im Medium antiker Bildung (sie lesen und interpretieren auch Vergil) dem Ernst der Wahrheitsfrage zugewandt. Noch einmal glaubt man in Augustins Denken etwas von der Kraft antiken Philosophierens zu spüren: von der Leidenschaft zur Reinheit der Seele. Aber man sieht die Verwandlung. Die Frühschriften Augustins zeigen die antike Philosophie in der Gestalt, in der sie die Kraft ihres Ursprungs verloren zu haben schien. Umständlichkeit, Weitschweifigkeit, logische Spielerei und rhetorische Künste, endlose Argumentationen und Streitereien, eine auf Cicero sich gründende Art des Umgangs mit griechischen Gedanken, das konnte Augustin nicht genügen, während er noch daran teilnahm. Dieses Philosophieren Augustins, wie ein Spiel mit Gedanken und Gefühlen spätantiken Denkens, hatte aber im Untergrund schon die vollzogene Bekehrung, die Entschlossenheit des christlichen Glaubens. Es ist, als ob die antike Philosophie in leer gewordene Sprache ausgegangen sei, in der der junge Augustin keinen ursprünglichen und daher befriedigenden Gedanken mehr zu denken vermochte, und als ob jetzt eine neue gewaltige, nunmehr grundlegende geistige Wirklichkeit da sei, gleichsam eine Blutzufuhr stattgefunden habe, ohne die das Philosophieren erloschen wäre. Das ihm Eigene, Neue und objektiv Originale kommt erst in dem Christen Augustin zur Geltung, nun jedoch im Raum des vernünftigen Denkens mit dem Willen zur Vertiefung dieses Denkens selber. Die Frühschriften Augustins zeigen schon beides. Die gewaltige Umschmelzung des Denkens aber steht noch bevor.

Die Bekehrung ist die Voraussetzung des Augustinischen Denkens. In der Bekehrung erst wird der Glaube gewiß, der durch nichts absichtlich erzwungen, durch keine Lehre mitgeteilt werden kann, sondern von Gott in ihr geschenkt wird. Wer nicht selber die Bekehrung erfahren hat, dem muß in all dem auf sie sich gründenden Denken etwas fremd bleiben.

Was bedeutet diese Bekehrung? Sie ist weder wie die einstige Erweckung durch Cicero, noch wie die beglückende Umwendung des Denkens in das Spirituelle durch Plotin, sondern ein dem Sinn und der Wirkung nach wesensverschiedener, einmaliger Vorgang: im Bewußtsein, durch Gott selbst unmittelbar getroffen zu werden, wandelt sich der Mensch bis in die Leiblichkeit seines Daseins hinein, in alle Triebe und Zielsetzungen. Darum war für Augustin nach vergeblichem asketischem Bemühen nun erst die sinnliche Begier erloschen. Mit der Denkungsart ist die Lebensweise selbst verwandelt. Und darum wurde weiter durch die Bekehrung für Augustin der Boden gewiß in der Kirche und in der Bibel, nicht durch Einsicht und guten Willen, sondern durch eine unerschütterliche Fraglosigkeit, die erfahren wurde als durch Gott selbst erwirkt. Es gilt nur noch der Gehorsam gegen Gott und dieser als Gehorsam gegen die Autorität der Kirche. Folge der Bekehrung war die Taufe. Mit ihr wurde für Augustin die Autorität unerschütterlich und das Zölibat endgültig.

Solche Bekehrung ist nicht die philosophische, täglich zu erneuernde Umwendung, nicht dieses Sichherausreißen aus dem Verkehrenden und Verschleiernden und Vergessenden, das der philosophierende Mensch unablässig vollzieht, sondern ein biographisch datierbarer Augenblick, der in das Leben einbricht und es neu begründet. Nach ihm kann jene philosophische Umwendung in täglicher Bemühung bleiben. Aber sie selber hat nun ihre Kraft aus einer radikaleren, absoluten Grundlegung, der Wesensverwandlung im Glauben selber.

Nach dem Leben in der Ziellosigkeit eines Suchens, das nicht findet, diesem Leben, das Augustin Zerstreutheit nennt, griff er zurück auf das, was in der Kindheit durch seine Mutter als das Heilige ihm begegnet war und was in faktischer Gegenwart die Gemeinschaft der Kirche bedeutete. Augustin griff zum Menschsein in der kirchlichen Gemeinschaft, die ihren Grund nicht in einem Allgemeinen, sondern in der geschichtlichen Offenbarung hat. Er ist nicht mehr als Einzelner und Weltbürger bestimmt durch stoischen Logos, sondern als Glied und Bürger des Gottesstaates durch den Logos, der Christus am Kreuze ist.

2. Verwandlung eigenständiger philosophischer Gedanken in Elemente offenbarungsgläubigen Denkens. — Die philosophische Leidenschaft verwandelt sich in Glaubensleidenschaft. Beide scheinen identisch und sind doch durch einen Sprung, die Bekehrung, geschieden. Der Sinn des Denkens ist ein anderer geworden. Die Erarbeitung des neuen Glaubens erfolgt in der Glaubenserkenntnis, die kein Ende hat.

Glaubenserkenntnis aber bedeutet das Erkennen des Glaubensgehalts als kirchlichen Glauben. Die philosophische Dogmatik wird kirchliche Dogmatik.

Diese Bewegung im Philosophieren vom eigenständigen zum christlich-glaubenden Philosophieren ist, als ob noch vom gleichen die Rede wäre. Und doch ist alles wie von einem anderen, fremden Blut durchströmt. Einige Beispiele:

a) Von Anfang an ist Augustins Denken auf *Gott* gerichtet. Aber der räumlich leibhaftige manichäische Gott im Kampf mit seinem teuflischen Gegengott erwies sich ihm als phantastisches Märchen. Das Eine des Neuplatonismus zündete zwar durch seine reine übergeistige Geistigkeit, aber ließ die Seele im Ungenügen vergeblichen, sich verzehrenden, sehnsüchtigen Denkens, für das es keine Wirklichkeit in der Welt, keine umgreifende Gemeinschaft durch Autorität als Garantie der Wahrheit gab. Ruhe fand Augustin erst im biblischen Gott, der in der Schrift ihn ansprach, durch seine Kraft das bis dahin zerstreute Leben einte, die Welt und ihre Leidenschaften versinken ließ, ihn in eine wirkliche, weltumfassende Gemeinschaft, die Kirche, aufnahm.

Nun wurden die alten philosophischen Gedanken, die an sich selber ohnmächtig waren, zu Mitteln des nie zum Abschluß kommenden Erdenkens Gottes, der selbst nicht durch diese Gedanken, sondern aus anderer Quelle lebendig gegenwärtig ist. Ein Weg, aber nur einer, ist das Denken, um in ihm zu bestätigen und zu erhellen, was als Glaube schon unzweifelhaft ist. Wohl lassen sich auch die Augustinischen Gottesgedanken wieder losgelöst als eigenständige philosophische Gedanken vollziehen. Aber so sind sie bei Augustin nicht gemeint, denn sie stehen unter Führung des Glaubens, der mit der Vernunft eins geworden ist. Augustin vollzieht alle Möglichkeiten, im Denken Gott zu berühren. Aber diese Gedanken werden zusammengehalten durch die Autorität, nicht durch ein philosophisches Prinzip.

Die Bewegung der Augustinischen Gottesanschauung bedeutete die Aneignung des biblischen Gottesgedankens durch das Philosophieren, das darin selber zu einer anderen Philosophie wurde. Die Frage ist, wie in dieser Metamorphose der biblische Gott selber im Lichte des Philosophierens nicht blieb, was er in den Gestalten der Schrift war.

Augustin bringt den Gehalt der Bibel auf eine einzige Ebene unter Verleugnung der Mannigfaltigkeit und der Widersprüche der der Entwicklung eines Jahrtausends angehörenden biblischen Texte. Er vollzieht reflektiert, was in der Bibel unreflektiert war. Er bildet fort zu neuen Anschauungen. Die Bibel ist der Leitfaden und dann der Halt, an den er, was er selber denkt, als dort vorgefunden bindet.

b) *Plotins Philosophie* macht sich Augustin zu eigen. Nach wenigen Veränderungen würde sie christlich sein, meint er. Keine andere Philosophie hat auf ihn solchen Einfluß gehabt. Stoiker und Epikureer beurteilt er stets ablehnend. Aristoteles wird selten genannt. Plato kennt er nicht; er hält ihn für eins mit Plotin.

Einmütig mit dem Plotinischen Denken ergreift Augustin den Sinn der Philosophie als Kümmern um Gott und die Seele, ergreift er das Denken, mit dem Ziel des wahren Glücks in der Erkenntnis der ewigen Dinge, als die Zügelung der Einbildungskraft, der Sinnlichkeit, um das Unsinnliche, Übersinnliche als ein ganz Unkörperliches zu berühren.

Einmütig ist er mit Plotin in bezug auf eine Grundstruktur des Gottesgedankens: In Gott hat alles seinen Grund. Er ist als *Wirklichkeit* Ursprung des Daseins der Dinge; er ist als *Logos*, als das intellektuelle Licht, Ursprung der Wahrheit der Dinge; er ist als das *Gute an sich* Ursprung des Gutseins aller Dinge. Auf ihn in diesem dreifachen Aspekt beziehen sich die drei philosophischen Wissenschaften der Physik, der Logik, der Moral. Ob eine Frage der Welt, der Erkenntnis, der Freiheit, immer kommt Augustin auf Gott.

Aufgenommen wurde aus Plotin das Weltdenken, die Stufenlehre, die Schönheit der Welt, in der das Schlechte, das Übel, das Böse nur eine Privation ist, ein Nichtsein in dem, was als Sein immer gut ist.

Aber radikal ist die Verwandlung des Sinns des Ganzen, in den das alles aufgenommen ist: Das Eine Plotins, jenseits von Sein, Geist und Erkennen, wird bei Augustin identisch mit Gott, der selber Sein, Geist, Erkennen ist. Die Plotinische Dreigliederung des überseienden Einen, des seienden Geistes, der weltwirklichen Seele wird bei Augustin zur innergöttlichen Einheit der Trinität, des einen Gottes in drei Personen. — Das Eine Plotins strömt aus über den Geist zur Weltseele und weiter bis zur Materie in der ewigen Gegenwart dieses Kreislaufs. Bei Augustin ist nicht ewige Emanation, sondern einmalige Schöpfung der Grund der Welt, die Anfang und Ende hat. — Das Eine Plotins ist ruhend, der Mensch wendet sich ihm zu. Der biblische Gott Augustins ist wirksamer Wille, der seinerseits dem Menschen sich zuwendet. Plotin betet nicht.

Beten ist das Lebenszentrum Augustins. — Plotin findet den Aufschwung in der Spekulation mit dem Ziel der Ekstase, Augustin in der durchdringenden Selbstdurchleuchtung mit dem Ziel der Erhellung des Glaubens. Plotin findet sich in der freien Verbindung von je einzelnen Philosophierenden, zerstreut in der Welt, Augustin in der Kirche als Autorität in der Gegenwart einer machtvollen Organisation.

3. Die Entwicklung des Denkens Augustins. — Die Entwicklung Augustins hat ihren einzigen Umschlag in der Bekehrung, aber so, daß der Sinn dieser Bekehrung ein Leben lang wiederholt und dadurch erst vollendet wird. In der Bekehrung liegt das Gleichbleibende, die Entwicklung ist die Ausbreitung ihres Sinns und die Einschmelzung des dem Sinn dieser Bekehrung Fremden. Darum ist Augustins Taufe nicht Vollendung, sondern Anfang. Noch waren die Geleise antiken Philosophierens ihm geläufig; noch war es mehr ein Wissen um die Kirche als die Erfahrung der Kirche als der katholischen; noch dachte er als ein Christ unter vielen, nicht als in verantwortlicher Vertretung der Kirche kraft des Amtes eines Priesters. Man kann als eine neue Epoche diesen Übergang in die Praxis (391) ansehen. Augustin nimmt zunächst Urlaub, um durch Bibelstudium sich besser vorzubereiten. In Augustins Schriften ist ein Prozeß des Hineinwachsens zu jener gewaltigen Totalität christlicher, katholischer, kirchlicher Existenz, die mit durch ihn im Abendland die geistige Macht eines Jahrtausends wurde.

Die Bewegung des Denkens wird bei Augustin durch die Aufgaben des Kampfes der Kirche in der Welt erzeugt. Die realen und geistigen Situationen des kirchlichen Lebens bringen jeweils das Thema. Die Glaubenserkenntnis kommt zu ihrer Schärfe in der Herausarbeitung gegen die heidnische Philosophie und gegen die Häresien. Mit der Klarheit wird die Vertiefung gebracht. Die Form des hellsten Sprechens bringt den Glauben selbst erst zum vollen Bewußtsein seines Gehalts. Das Wesen Gottes und die Natur des Bösen wird klarer im Kampf gegen die Manichäer; Freiheit und Gnade, Erbsünde und Erlösung werden klarer im Kampf gegen Pelagius und die Pelagianer; die Katholizität der Kirche als des einen corpus mysticum Christi und ihrer praktischen Konsequenz wird klarer im Kampf gegen die Schismatiker, hier die Donatisten. Und das Wesen dieser Kirche in ihrer ewigen Substanz wird klarer in der Rechtfertigung gegen die Angriffe der Heiden, die nach der Eroberung Roms durch Alarich den Vorwurf erheben, das Unheil sei durch das Verlassen der alten Götter bewirkt worden.

Aus dem seit der Bekehrung Gleichbleibenden erarbeitet Augustin seine neuen Gedanken. Dabei sehen wir ihn in wichtigen Dingen radikale Positionswechsel vollziehen: Sein Einsatz für Freiheit der Verkündigung und Überzeugung ohne Zwang weicht später seiner Forderung des Zwanges zum Eintritt in die katholische Kirche (coge intrare). Seine Lehre vom freien Willen geht fast ganz in der Gnadenlehre verloren. Ihm selber werden im Rückblick Irrtümer deutlich. Am Ende seines Lebens schrieb er die Retraktationen (Zurücknahmen). Darin faßt er die Gesamtheit seiner Schriften als ein Ganzes in zeitlicher Reihenfolge auf und vollzieht in Einzelheiten eine sachliche Selbstkritik aus kirchlich-dogmatischem Gesichtspunkt. Ausdrücklich entfernt er sich von seiner früheren Einmütigkeit mit Plotin. Einst hatte er mit diesem die Präexistenz der Seele angenommen; längst hat er diese Lehre verworfen.

Vor allem aber hat sich die Wertschätzung der Philosophie völlig gewandelt. Für den jungen Augustin hatte das rationale Denken ausdrücklich die größte Bedeutung. Die Dialektik ist die Disziplin der Disziplinen, lehrt lernen und lehren. Sie beweist und eröffnet, was ist, was ich will; sie weiß das Wissen. Sie allein will nicht nur, sondern vermag auch wissend zu machen. Jetzt ist die Beurteilung geringschätzend geworden. Das innere Licht steht höher. »Die in jenen Wissenschaften Unerfahrenen werden Wahres antworten, wenn sie gut gefragt werden, weil ihnen das Licht der ewigen Vernunft gegenwärtig ist, soweit sie es fassen können, wo sie die unveränderlichen Wahrheiten erblicken.« Er erkennt seine frühere Bewunderung der Philosophie als weit übertrieben. Wohl ist die Seligkeit nur in der liebenden Erkenntnis Gottes; aber diese Seligkeit gehört doch erst einem zukünftigen Leben an, und der einzige Weg dahin ist Christus. Die Geltung der Philosophie hat aufgehört. Das biblisch-theologische Denken bleibt das allein wesentliche.

III. Augustins Denkweisen

1. *Existenzerhellung und Bibel-Interpretation*

a) »Metaphysik der inneren Erfahrung«

Augustins Denkweise hat einen in seiner Fruchtbarkeit unabsehbaren Grundzug: er vergegenwärtigt ursprüngliche Erfahrungen der Seele. Er reflektiert auf die Wunder der Gegenwärtigkeit unseres Daseins.

Was immer in der Welt ihm vorkommt, die Dinge haben für ihn kein selbständiges Interesse. Er weiß sich im Gegensatz zum geläufigen Verhalten: »Und die Menschen gehen und bewundern die Höhen der Gebirge, die gewaltigen Wogen des Meeres, den breiten Fluß der Ströme, den Umfang des Ozeans und den Umlauf der Gestirne, auf sich selbst aber achten sie nicht.« Sein einziger, alles in sich hineinziehender Wille dagegen ist: Gott und die Seele begehre ich zu wissen (deum et animam scire cupio); — Dich möchte ich kennen, mich möchte ich kennen (noverim te, noverim me).

Augustin schreitet an alle Grenzen, um im Rückgeworfensein auf sich selbst im Inneren ein Anderes zu hören. Denn über das Innerste der Seele führt der Weg zu Gott. »Gehe nicht nach draußen, kehre in dich selber ein; im inneren Menschen wohnt die Wahrheit; und wenn du deine Natur in ihrer Wandelbarkeit erkannt hast, überschreite auch dich selbst.« (Noli foras ire, in te ipsum redi; in interiore homine habitat veritas; et si tuam naturam mutabilem inveneris, transcende et te ipsum.) Augustins Seelenergründung ist Gottesergründung, seine Gottesergründung ist Seelenergründung. Er sieht Gott im Grund der Seele, die Seele in Beziehung auf Gott.

Dieses Band wird nicht zerrissen zugunsten einer bloßen Psychologie. Man hat Augustin den ersten modernen Psychologen genannt, doch es handelt sich in dieser Psychologie, trotz aller Beschreibung wirklicher Erscheinungen, nicht um eine Wissenschaft erforschbarer empirischer Realitäten, sondern um die Durchhellung inneren Handelns, um die Gegenwärtigkeit in der Seele als den Ausgangspunkt unseres Wissens.

Das Band der Seele zu Gott wird auch nicht zerrissen zugunsten einer bloßen Theologie. Man hat Augustins spekulative Begabung gerühmt, doch alle metaphysischen transzendierenden Gedankenbewegungen sind bei ihm weniger Einsichten in ein Anderes als Erfüllungen des Aufschwungs seiner selbst. Man hat in ihm den großen Dogmatiker gesehen, der in der Dogmengeschichte einen hervorragenden Platz einnimmt, aber seine Dogmen sind noch nicht Sätze der späteren Theologie, sondern ursprüngliche Ergriffenheiten, die nur rational zur Sprache kommen. Windelband nannte diese Denkweise »Metaphysik der inneren Erfahrung«, mit Recht, weil es sich bei Augustin um die Erhellung der übersinnlichen Motive im Menschen handelt, mit Unrecht, wenn damit eine neue objektive Metaphysik der Seele gemeint wäre.

Nie vorher hatte der Mensch so vor seiner eigenen Seele gestanden, nicht Heraklit (»der Seele Grenzen kannst du nicht auskennen, so tiefen Logos hat sie«), nicht Sokrates und Plato, denen alles am Heil der Seele lag. »Ein unendlicher Abgrund ist der Mensch (grande profundum est ipse homo). Du hast seine Haare, o Herr, gezählt, aber leichter fürwahr ist, seine Haare als die Empfindungen und Neigungen seines Herzens zu zählen.«

All sein Betroffensein faßt er in den kurzen Satz: Ich bin mir selbst zur Frage geworden (quaestio mihi factus sum). Augustin hält sich oft an alltägliche Erscheinungen. Aber er beschreibt nicht indifferente Erscheinungen als solche (wie Phänomenologen), sondern richtet sich auf Wirklichkeiten, die Gewicht haben, die hinzielen an die Grenzen unserer Vermögen, unseres Denkens und an die Grenzen ihrer selbst. Er findet die wunderbar einfachen Sätze, die mit wenigen Worten sagen, was vorher niemals einem Menschen so bewußt geworden ist. Und er denkt in der Form fragenden Weitergehens, der Fragen, die den Raum öffnen und keineswegs einfach beantwortet werden. Einige Beispiele:

Erstes Beispiel: das Gedächtnis. — Unter den sogenannten psychologischen Erscheinungen beschreibt Augustin, wie uns aus unserem eigenen Inneren eine Welt zur Verfügung steht. Wir stellen uns vor Augen, was wir gesehen haben und was unsere Phantasie hervorbringt, unabsehbar. Ein weites, unermeßliches inneres Heiligtum steht mir offen. Es gehört zu meiner Natur. Aber solche Worte, meint Augustin, sind leicht gesagt. Mit ihnen wird nicht erfaßt, was er vergegenwärtigen möchte, das immer mehr ist als das, was ich von mir denke. Darum fährt er fort: Ich sage zwar »es gehört zu meiner Natur«, »aber dennoch fasse ich nicht ganz das, was ich bin. Also ist der Geist zu eng, um sich selbst zu fassen? Wo mag das sein, was er von sich nicht faßt? Gewaltige Verwunderung erfaßt mich.« Wenn Augustin von den Wogen des Meeres, den Strömen und den Gestirnen spricht, wundert er sich, »daß ich dies alles, während ich davon sprach, nicht mit Augen sah, und doch würde ich nicht davon sprechen, wenn ich nicht Berge und Fluten und den Ozean, von dessen Vorhandensein ich nur gehört habe, innen in meinem Gedächtnis in eben so gewaltiger Ausdehnung wie draußen in der Wirklichkeit erblickte«.

Zweites Beispiel: die Selbstgewißheit. — Augustin hat zuerst — in vielen Fassungen — den Gedanken ausgesprochen: Der Zweifel an aller Wahrheit scheitert an der Gewißheit des »ich bin«:

»Ob die Kraft, zu leben, zu wollen, zu denken, der Luft zukomme oder dem Feuer oder dem Gehirn oder dem Blute oder den Atomen, darüber zweifelten die Menschen ... Wer möchte jedoch zweifeln, daß er lebe, sich erinnere, einsehe, wolle, denke, wisse und urteile? Auch wenn man nämlich zweifelt, sieht man ein, daß man zweifelt ... Wenn also jemand an allem andern zweifelt, an all diesem darf er nicht zweifeln. Wenn es das nicht gäbe, könnte er überhaupt über nichts zweifeln.« Der Zweifel also beweist durch sich selbst die Wahrheit: ich bin, wenn ich zweifle. Denn der Zweifel selber ist nur möglich, wenn ich bin.

Nun ist die Frage, was in dieser Gewißheit liegt. Sie ist bei Augustin keine kahle Feststellung, sondern der Ausgang einer nie zum Abschluß kommenden Besinnung. Die Gewißheit, die im äußersten Zweifel sich herstellt, enthält mehr als den Punkt bloßen Seins. Die Selbstgewißheit zeigt mir nicht nur, daß ich bin, sondern *was* ich bin. In folgendem Dialog beginnt ein Fragen und Weiterfragen:

»Du, der du dich erkennen willst, weißt du, daß du bist? Ich weiß es. — Woher weißt du es? Ich weiß nicht. — Fühlst du dich als einfach oder vielfach? Ich weiß nicht. — Weißt du, daß du bewegt wirst? Ich weiß nicht. — Weißt du, daß du denkst? Ich weiß es. — Also ist es wahr, daß du denkst. — Weißt du, ob du unsterblich bist? Ich weiß es nicht. — Was möchtest du von all dem, was du, wie du sagtest, nicht weißt, am ehesten wissen? Ob ich unsterblich bin.

Du liebst also das Leben. Wenn du erfährst, daß du unsterblich bist, ist das genug? Es würde etwas Großes sein, aber es ist mir zu wenig. Du liebst also nicht das Leben seiner selbst wegen, sondern wegen des Wissens? Ich gebe es zu. — Wie aber, wenn dich das Wissen der Dinge selber unselig macht? — Das kann, glaube ich, auf keine Weise geschehen. Aber wenn es so ist, kann niemand glücklich sein, denn jetzt bin ich aus keinem anderen Grunde unselig als durch Unwissenheit der Dinge. Wenn das Wissen unselig macht, ist die Unseligkeit ewig.

Ich sehe, was du begehrst ... du willst sein, leben und erkennen; aber sein, um zu leben, und leben, um zu erkennen.«

Diese Selbstgewißheit wird sich ihrer selbst, daß sie Denken ist, bewußt. Sie findet sich, wenn sie sich zu einem Objekt unter anderen macht, unter den Realitäten der Welt. Dann erkennt sie sich in ihrer Einzigkeit, indem sie sich unterscheidet:

»Auch der Stein ist, und das Tier lebt«, aber der Stein lebt nicht, und das Tier erkennt nicht. Wer aber erkennt, dem ist auch Sein und Leben in ihm das Gewisseste.

In der Selbstgewißheit finde ich die Wahrnehmung dessen, was über alle sinnliche Wahrnehmung und über alles Wissen von Dingen in der Welt hinausliegt:

»Wir besitzen noch einen anderen, über den leiblichen Sinn weit erhabeneren Sinn, den Sinn des inneren Menschen, kraft dessen wir das Rechte und das

Unrechte empfinden, das Rechte an der Übereinstimmung mit der übersinnlichen Form, das Unrecht an der Abweichung davon. Dieser Sinn bestätigt sich, ohne daß er der Schärfe des Auges bedürfte.«

In der Selbstgewißheit finde ich meinen allumgreifenden, unbändigen Willen zum Glücklichsein. Dieser Wille ist, wie der schon berichtete Dialog sagte, Liebe zum Leben und dieses Leben wieder Liebe zum Erkennen. Diese Grundgewißheit wird reicher aussprechbar:

»Wir existieren, wir wissen um unser Sein, und wir lieben dieses Sein und Wissen. Und in diesen drei Stücken beunruhigt uns keine Möglichkeit einer Täuschung. Denn wir erfassen sie nicht wie die Dinge außer uns mit irgendeinem leiblichen Sinn. Sondern ohne daß sich irgendwie eine trügerische Vorspiegelung der Phantasie geltend machen könnte, steht mir durchaus fest, daß ich bin, daß ich das weiß und es liebe. In diesen Stücken fürchte ich durchaus nicht die Einwendungen: Wie aber, wenn du dich täuschtest? Wenn ich mich nämlich täusche, dann bin ich. Folglich täusche ich mich auch darin nicht, daß ich um dieses mein Bewußtsein weiß. Denn so gut ich weiß, daß ich bin, weiß ich eben auch, daß ich weiß. Und indem ich diese beiden Tatsachen liebe, füge ich auch diese Liebe als ein Drittes von gleicher Sicherheit hinzu. Denn da in unserem Fall der Gegenstand der Liebe wahr und gewiß ist, so ist ohne Zweifel auch die Liebe zu ihm wahr und gewiß.«

Auf die Frage, worauf sich die Liebe des Grundwillens richtet, war die Antwort: auf das Sein und auf das Wissen. Beides wird in seiner Uneingeschränktheit und Absolutheit ausgesprochen:

Der Gegenstand der Liebe ist das Sein. »So wenig es jemand gibt, der nicht glücklich sein möchte, gibt es jemand, der nicht sein möchte... Das Sein ist mit einer Art natürlicher Wucht so sehr eine Annehmlichkeit, daß nur deshalb die Unglücklichen nicht zugrundegehen wollen... Würde ihnen eine Unsterblichkeit verliehen, bei der auch ihr Elend nicht aufhörte, und ihnen die Wahl gelassen, entweder in solchem Elend immerdar oder überhaupt nicht und nirgends zu existieren, sie würden wahrlich aufjauchzen vor Freude und es vorziehen, auf immer in diesem Zustand als überhaupt nicht zu existieren.«

Weiter: Nicht nur mein Sein, sondern auch das Wissen als solches liebe ich ohne Einschränkung. »Welchen Widerwillen die menschliche Natur gegen die Täuschung hat, läßt sich schon daraus erkennen, daß jedermann Trauer bei gesundem Geiste der Freude in Geistesgestörtheit vorzieht.«

Der Grundgedanke brachte aus dem Zweifel an aller Wahrheit auf den Boden unzweifelhafter Gewißheit. Diese Gewißheit ist keine leere Gewißheit eines Seins überhaupt. Vielmehr liegt in der Selbstgewißheit auch die Erfüllung.

Die Augustinische Gewißheit aber — so denken wir — kann zusammensinken: zur Unbezweifelbarkeit einer bloßen gehaltlosen Seinsaussage,

— zur Brutalität der Liebe zum Leben, welcher Art es auch sei, — zur Leerheit der Wahrheit als bloßer Richtigkeit. Es kann scheinen, als ob in der Erhellung der Selbstgewißheit zusammenfielen das empirische Dasein mit der ewigen Existenz, die Lebensgier mit der Sorge um das eigentliche Heil, die bloße Richtigkeit mit der gehaltvollen Wahrheit. — Zwei Fragen sind daher an Augustin zu stellen: Woher kommt die eigentliche Erfüllung? Was bedeuten jene Nichtigkeiten?

Auf die Frage, woher die eigentliche Erfüllung kommt, die der Selbstgewißheit erst Gehalt gibt, oder die Frage: wo ist der Ursprung des Entgegenkommenden im Unterschied von der Leerheit, des Sichgeschenktwerdens im Unterschied vom Sichausbleiben, der Ruhe im Unterschied von der Verzweiflung der Bodenlosigkeit, ist die Antwort: allein in Gott. Das Sein, das Wissen vom Sein und die Liebe zum Sein und Wissen in der Selbstgewißheit stehen für Augustin von vornherein in Beziehung zu Gott. In der Selbstgewißheit als solcher liegt die Gottesgewißheit. Denn Gott hat den Menschen nach seinem Bilde erschaffen. Im Selbstbewußtsein erblickt Augustin das Bild der Dreieinigkeit.

Fragen wir nach der Bedeutung der im Zusammensinken der Selbstgewißheit bleibenden Nichtigkeiten, so ist die Antwort: Da Augustin alles im Blick auf Gott denkt, und ihm das von Gott Unabhängige gar nicht besteht, vermag sein Denken, weil alles von Gott geschaffen ist, auch allem einen Glanz zu geben, so auch noch den nichtigen Richtigkeiten als Abbild ewiger Wahrheit und noch der Lebensgier als der geringsten Liebe zum Sein. Nur in der Verkehrung der Rangordnungen liegt die Unwahrheit. Was Leerheit scheint und wird, wenn es sich auf sich selbst stellt, das ist Wahrheit im Abglanz dieser niederen Sphären. Augustin kennt nicht die ursprünglichen Fragen des Selbstmörders, kennt nicht die Verzweiflung am Leben im Nichtlebenwollen, kennt nicht den Willen zur Täuschung, nicht die bewußte Selbsttäuschung, nicht die mögliche Fragwürdigkeit des Sinnes aller »Wahrheit«.

Diese Augustinische Geborgenheit ist eine andere als die philosophische Selbstgewißheit. Er lebt dorthin, wo »unser Sein den Tod nicht kennen wird, unser Wissen nicht den Irrtum, unsere Liebe keinen Anstoß«. Hier aber in der Zeit, wenn wir »so sicher festhalten an unserem Sein, Wissen und Lieben«, tun wir das zwar zunächst »nicht auf fremdes Zeugnis hin, sondern empfinden es in eigenster Person als wirklich vorhanden und erblicken es mit dem inneren, durchaus untrüglichen Auge« (also rein philosophisch). Aber wir »haben doch dafür noch andere Zeugen, Zeugen, in deren Glaubwürdigkeit kein Zweifel gesetzt werden darf«. In schroffem Nebeneinander also läßt Augustin stehen die Selbstgewißheit und die anderen Zeugen (die Autorität von Kirche und Offenbarung). Gehalt und Fülle des Selbst kommt ihm aus der Ebenbildlichkeit Gottes im Menschen und ist ihm gewiß durch die Garantie jener anderen Zeugenschaft.

Drittes Beispiel: Die Zeit. — Die Zeit, dies jeden Augenblick Gegenwärtige, zeigt sich Augustin als unergründliches Geheimnis, je mehr er sich fragend darin vertieft.

Wir sprechen von Vergangenheit, Gegenwart, Zukunft. »Ginge nichts vorüber, so gäbe es keine Vergangenheit; käme nichts heran, so gäbe es keine Zukunft; bestände nichts, so gäbe es keine Gegenwart.« Aber wunderlich: Vergangenheit und Zukunft sind nicht, jene nicht mehr, diese noch nicht, — und wäre die Gegenwart beständig gegenwärtig, ohne sich in die Vergangenheit zu verlieren, dann wäre sie keine Zeit mehr. Die Gegenwart, um Zeit zu sein, besteht darin, daß sie sofort in Nichtsein übergeht.

Gibt es etwa nicht drei Zeiten, sondern nur eine, die Gegenwart? Zukunft und Vergangenheit sind doch nur in der Gegenwart. Wenn ich Vergangenes erzähle, so schaue ich dessen Bilder in der Gegenwart. Wenn ich an die Zukunft denke, so sind mir mögliche Handlungen und vorschwebende Bilder gegenwärtig. Es gibt nur die Gegenwart und in der Gegenwart drei Zeiten. Gegenwärtig in bezug auf die Vergangenheit ist das Gedächtnis, gegenwärtig in bezug auf die Gegenwart ist die Anschauung und gegenwärtig in bezug auf die Zukunft ist die Erwartung.

Was aber ist die Gegenwart? Reden von kurzen und langen Zeiten betreffen Vergangenheit und Zukunft. Hundert Jahre, ein Jahr, ein Tag, eine Stunde, sie können nicht gegenwärtig sein. Immer ist, so lange sie dauern, in ihnen noch Vergangenes, Gegenwärtiges und Zukünftiges. Könnte man sich eine Zeit denken, die sich in keine kleinsten Teilchen mehr teilen läßt, so würde man diese allein Gegenwart nennen. Aber dieses Zeitteilchen geht so schnell aus der Zukunft in die Vergangenheit über, daß die Gegenwart keine Dauer hat. Sie ist nur wie ein Punkt, eine Grenze, ist, indem sie schon nicht mehr ist.

Wenn wir die Zeit messen, messen wir offenbar nicht die Gegenwart, die keine Dauer hat, sondern wir messen die Zeiten, die wahrnehmbar sind, indem sie vorübergehen. Dann aber messen wir, was entweder nicht mehr oder noch nicht ist. Mit welchem Maß messen wir die Zeit, die nicht ist?

Man hat gesagt, die Bewegungen der Sonne, des Mondes, der Sterne seien die Zeiten. Wenn aber diese Bewegung die Zeit ist, so jede Bewegung. Würden jene Himmelslichter feiern, könnte es die Drehung der Töpferscheibe sein. Aber in keinem Falle ist die Bewegung die Zeit, sondern mit der Zeit wird die Bewegung gemessen, die bald länger, bald kürzer sein kann. Bewegungen der Gestirne wie Drehung der Töpferscheibe sind Zeichen der Zeit, nicht selber die Zeit. Jetzt aber handelt es sich darum, nicht was Bewegung und was der

Tag ist, sondern was die Zeit ist. Mit ihr messen wir auch den Kreislauf der Sonne. Wir messen nicht nur die Bewegung, sondern auch die Dauer des Stillstands der Zeit.

So messe ich also, sagt Augustin, ohne zu wissen, womit ich messe. Ich messe die Bewegung des Körpers mit der Zeit, und doch messe ich die Zeit nicht? Womit messe ich die Zeit selbst? Ich messe Längen von Gedichten, der Versfüße, vergleiche sie, nehme eins als doppelt so lange dauernd als das andere wahr. Hieraus schließe ich, »daß die Zeit nur eine Ausdehnung sei, aber wovon, das weiß ich nicht«.

Der Geist ist es — so ist die letzte Antwort Augustins —, der selber die Ausdehnung der Zeit ist. Wenn ich ein Gedicht lese, messe ich die Silben, aber »nicht sie selbst, die bereits nicht mehr sind, sondern ich messe etwas, was sich meinem Gedächtnis eingeprägt hat«. Also messe ich in meinem Geist meine Zeiten. »Den Eindruck, den die vorübergehenden Dinge auf mich machen und der auch, nachdem sie vorübergegangen sind, bleibt, diesen mir gegenwärtigen Eindruck also messe ich, nicht das, was vorübergegangen ist.« »Der Geist übt eine dreifache Tätigkeit aus. Er erwartet, nimmt wahr und erinnert sich, so daß das von ihm Erwartete durch seine Wahrnehmung hindurch in Erinnerung übergeht.«

So scheint die Lösung gewonnen. Der Geist mißt sich selbst in dem, was ihm gegenwärtig ist. So vermag er das Vorübergehende zu messen. Aber es zeigt sich weiter, »daß wir weder die zukünftige noch die vergangene, noch die gegenwärtige, noch die vorübergehende Zeit messen, und dennoch die Zeit messen.«

Augustin denkt fragend. Die Frage: Was ist die Zeit? wird beantwortet durch neue Fragen. Das Geheimnis wird nicht aufgelöst, sondern als solches zum Bewußtsein gebracht. »Was ist also die Zeit? Wenn mich niemand fragt, so weiß ich es; will ich es aber jemandem auf seine Frage hin erklären, so weiß ich es nicht.« »Ich forsche nur, ich stelle keine Behauptungen auf.« Augustin begehrt, »in diese so alltäglichen und doch so geheimnisvollen Dinge« einzudringen. Wir sprechen ständig von Zeit, von wann und wie lange, und dabei verstehen wir uns. »Es sind ganz gewöhnliche und gebräuchliche Dinge, und doch sind sie wiederum ganz dunkel.« Und nach langen Erörterungen bekennt er, »daß ich immer noch nicht weiß, was die Zeit ist, und wiederum bekenne ich, zu wissen, daß ich dieses in der Zeit sage ... Wie also weiß ich dieses, wenn mir der Begriff der Zeit fremd ist? ... Vielleicht weiß ich gar nicht, was ich nicht weiß!«

Zur Frage, was die Zeit sei, wurde Augustin gedrängt durch die Erörterung des Einwands gegen die Schöpfung: Was tat Gott, bevor er Himmel und Erde schuf? Wenn er ruhte, warum ist er nicht in der Untätigkeit verblieben? Wenn es ein neuer Wille war, könnte man da noch von wahrer Ewigkeit sprechen, in der ein Wille entsteht, der vorher nicht da war? Wenn aber der Wille von Ewigkeit her war, warum ist dann nicht auch die Schöpfung ewig?

Diesen Einwand gegen den Schöpfungsgedanken löst Augustin auf: Gott hat mit der Schöpfung auch die Zeit geschaffen; es gab keine Zeit vorher. Die Frage ist sinnlos, weil das zeitliche Vorher für den nicht ist, der alle Zeit schuf, aber nicht in ihr ist. »Wo noch keine Zeit war, gab es auch kein Damals.« »Nie gab es eine Zeit, wo keine Zeit war.« Es konnte keine Zeit vorübergehen, bevor Gott die Zeit schuf. Die Zeit hat einen Anfang – so sagt es die Bibel –, aber vor diesem Anfang war keine Zeit, sagt Augustin.

Die Frage selber, was Gott vor der Schöpfung getan habe, ist dreist. Augustin will nicht witzeln, wie einer, der antwortete: »Höllen bereitete er für die, die so hohe Geheimnisse ergründen wollen.« Er will einsehen und weiß: wenn wir »einsehen, daß die Zeit erst mit der Schöpfung begonnen hat«, dann dulden wir nicht mehr das törichte Gerede, nicht diese Fragen der Menschen, die »in sträflicher Neugierde mehr wissen möchten als sie verstehn«.

Was aber ist, so fragt Augustin doch selbst, die Ewigkeit vor aller Zeit? Einen Augenblick versucht er das ewige Wissen Gottes, das in unbewegter Gegenwärtigkeit ständig ganz ist, zu vergleichen mit der Weise, wie uns ein Lied gegenwärtig ist, das wir singen, so, daß uns alles Vergangene und Zukünftige in ihm bekannt ist. Alle Jahrhunderte lägen so offen vor Gott wie vor uns das Lied, das wir singen. Aber nicht so schlecht wie wir das ganze Lied weiß der Schöpfer alle Zukunft und Vergangenheit: »Du weißt sie weit, weit wunderbarer und weit geheimnisvoller.«

Was die Ewigkeit sei, spricht Augustin aus durch ein Hinausgehen über die Zeit, sie der Zeit kontrastierend: »Gott geht von der hohen Warte der allzeit gegenwärtigen Ewigkeit allen vergangenen Zeiten voraus und überragt alle zukünftigen.« »In der Ewigkeit geht nichts vorüber, sondern in ihr ist alles gegenwärtig. Dagegen ist keine Zeit ganz gegenwärtig.« »Deine Jahre gehen nicht und kommen; unsere aber hienieden gehen und kommen. Deine Jahre bestehen alle zugleich ... Unsere Jahre werden erst dann alle Jahre sein, wenn unsere Zeitlichkeit vollendet ist.«

Und dann spricht Augustin die Ewigkeit dadurch aus, daß er hinzeigt auf das, wohin all unser Streben geht: nicht auf etwas, das künftig und vorübergehend ist, sondern zu dem, was vor uns liegt als das Unwandelbare. Jetzt, in »den Jahren des Seufzens«, »bin ich ganz aufgegangen in der Zeit, deren Ordnung ich nicht kenne. Meine Gedanken, das innerste Leben meiner Seele, zerreißen sich in stürmischem Wechsel.« Dort in der Ewigkeit ist Einheit, Unvergänglichkeit, Seligkeit, unbewegte Gegenwart.

Diese Ewigkeit spricht schon in der Welt: Gott leuchtet Augustin schon in ihr entgegen als etwas, das sein Herz trifft, »so daß ich erschaudere und erglühe, – erschaudere, insoweit ich ihm unähnlich, und erglühe, insoweit ich ihm ähnlich bin«.

Fasse ich zusammen: Die Zeit wird erst durch das fragende Erdenken, was sie sei, als Geheimnis ganz fühlbar. Aber ich denke es, um durch dies Geheimnis selbst mich des Sinns der Ewigkeit, Gottes Ewigkeit und der eigenen, in der die Zeit getilgt ist, zu vergewissern.

b) Bibel-Interpretation

Wenn Augustin im reinen Denken sich fragend vergewissernd bewegt, dann beruft er sich nicht auf Offenbarung. Es gelingen ihm die tiefsinnigen Spekulationen in der konkreten Daseinserhellung. Aber dieses Philosophieren meint und will Erhellung der Existenz und Erdenken Gottes nicht aus der bloßen Selbstgewißheit sein, sondern im Bewußtsein glaubender Interpretation der Bibel seine Wahrheit finden. Die Denkform dieser philosophischen Vergegenwärtigungen ist grundsätzlich auf Offenbarung bezogen. Die »Konfessionen« sind in der Form eines Gebets, ständig Gott preisend und ihm dankend, geschrieben. In vielen Texten vollzieht sich die Einsicht als Bibel-Interpretation oder wird bestätigt durch Bibelworte.

Die Grundmeinung des Glaubens, allein in der Bibel die Quelle der wesentlichen Wahrheit zu haben, verwandelt die Denkungsart. Die Meinung dieses Denkens gründet sich nicht mehr auf die Vernunft als solche und auf das, als was sich der Mensch in ihr geschenkt wird, sondern mit ihr auf die Bibel. Wenn Augustin sich auch vom Geländer der Bibel löst und frei im Raum der Vernunft seine Einsichten findet, so kehrt er doch alsbald an das Geländer zurück, an dem er zu den Antworten kommt auf die abgründigen unbeantwortbaren Fragen, die in jenem Raum der Vernunft sich ihm aufdrängten.

Die Bibel wurde der nie versagende Leitfaden zur Wahrheit. Der tatsächliche außerordentliche Gehalt dieses Depositums religiöser Erfahrungen eines Jahrtausends des jüdischen Volks in Verbindung mit den unhistorischen Interpretationsverfahren erlaubten es, hier durch produktives Verstehen einen unerschöpflichen Reichtum, eine nicht zu ergründende Tiefe zu finden. Die Bibel war die Sprache der Offenbarung, in der alle Wahrheit sich gründete. Der philosophische Gedanke der Transzendenz wurde erfüllt durch den biblischen Gottesgedanken, war aus der Spekulation zu lebendiger Gegenwart geworden. Die schönsten philosophischen Sätze erblaßten vor einem Psalmenwort.

Vernunft und Glaube sind nicht zwei Ursprünge, die, zunächst und auch dauernd getrennt, sich dann treffen. Vernunft ist im Glauben, Glauben in der Vernunft. Einen Konflikt, der durch Unterwerfung der Vernunft beendet werden müßte, kennt Augustin nicht. Ein sacrificium intellectus, das credo quia absurdum Tertullians ist ihm fremd.

Daher geschieht die glaubende Wahrheitsvergewisserung bei Augustin nicht durch Ausgang von eindeutigen Bibelsätzen, aus denen wie aus Dogmen deduziert würde. Vielmehr steht der Glaube als lebendig wirkende Gegenwart faktisch (nicht bewußt) der Bibel frei gegenüber als einer unergründlichen, erst noch zu verstehenden Tiefe. Die unphilologischen und unhistorischen Interpretationsmethoden, die schon vor Augustin entwickelt waren, erlaubten es, fast jeden Glaubenssinn in Bibeltexten wiederzufinden. Der sich selber noch dunkle Glaube begreift sich in der faktischen Freiheit des Selbstdenkens, das seine Gehalte in der Bibel wiederzufinden, ja, überhaupt erst zu finden meint. Daher sind Augustins Schriften (noch nicht die frühesten) durchsetzt mit Bibelzitaten. Darüber hinaus spricht er gern in biblischer Sprache, mit biblischen Sätzen und Worten, so daß die Grenze von Zitat und eigener Sprache unscharf wird. Andrerseits aber ist das Augustinische Denken wegen der Freiheit seiner Vollzüge in seinen bedeutenden Gehalten für uns verständlich, ohne daß wir teilnehmen an seinem Offenbarungsglauben. Dann ist es nachvollziehbar als unverlierbare Wahrheit im Raum der Vernunft, so die Erhellung der Innerlichkeit der Seele bis an die Grenzen, wo sie sich selbst überschreitet, so die Vergegenwärtigung der Zeit, des Gedächtnisses, der Unendlichkeit, so die Erörterungen über Freiheit und Gnade, über Schöpfung und Weltsein.

2. *Vernunft und Glaubenswahrheit*

Die Wahrheit ist nur eine. Sie ist »Gemeingut aller ihrer Freunde«. Der Anspruch eigener Wahrheit ist »vermessene Behauptung« und »Überhebung«. »Weil deine Wahrheit, o Herr, nicht mir, nicht diesem oder jenem, sondern uns allen gehört, hast du uns zu ihr berufen mit der furchtbaren Warnung, sie nicht ausschließlich für uns beanspruchen zu wollen, da wir sonst ihrer verlustig gingen. Jeder, der sie als sein alleiniges Eigentum ansehen will, wird von dem gemeinsamen Besitztum weg zu dem seinigen verwiesen, das ist von der Wahrheit zur Lüge.«

Daher will Augustin auch mit seinen Gegnern die Wahrheit suchen als gemeinsame. Das kann nur geschehen, wenn beiderseits die Anmaßung, schon in ihrem Besitz zu sein, beiseite gelassen wird. »Keiner von uns sage, er habe bereits die Wahrheit gefunden. So wollen wir sie suchen, als kennten wir sie beiderseits noch nicht; denn nur dann wird sie hingebend und friedfertig gesucht werden können, wenn beide Teile unter Ablehnung jedes verwegenen Vorurteils auf den Glauben verzichten, sie sei bereits gefunden und erkannt.« Hier geht Augustin durchaus auf dem philosophischen Wege. Er weiß: Wer Wahrheit will, bringt den Frieden, denn er geht mit dem Anderen auf das Gemeinsame, nicht auf Streit. Redet Augustin ehrlich? Ihm ist doch die Glaubenswahrheit gewiß, nur deren besondere Formulierung kann zweifelhaft sein. Oder redet er trotzdem ehrlich? Er will hier mit dem Anderen sprechen, um ihn zu überzeugen, nicht um ihn zu kommandieren. Dies, was für den Beobachter wie Ehrlichkeit und Unehrlichkeit aussieht, beruht auf der einen großen, immer wieder vollzogenen Umwendung Augustins: vom Suchen zum Gefundenhaben der Wahrheit, die eine ist, — aber auch auf der Verfassung, die im Gefundenhaben immer wieder denkendes Suchen wird. Dieser Widerspruch ermöglicht die schärfste Intoleranz und das bereitwillige Entgegenkommen. Er hebt die Kommunikation auf, indem er sie sich in Schranken vollziehen läßt, die allerdings ihren Sinn vernichten. Sehen wir die Erscheinung der grundsätzlich alles vorweg entscheidenden Umwendung näher an:

Die Frage ist, wie ich beim andern und bei mir selbst das böse Merkmal des Eigenen, also Ungemeinsamen, also der Lüge finde? Es ist nicht als gemeinsames, für alle gültiges Merkmal zu finden, sondern liegt in der Entscheidung der katholischen Autorität, die als die gemeinsame Wahrheit vorausgesetzt und beansprucht wird. Wenn von Augustin die Wahrheit in der gemeinsamen Freiheit der Vernunft mit dem Versuch, sich gegenseitig zu überzeugen, gesehen wird, so ist sie doch allein in Offenbarung, Kirche und Bibel da. Daher gelangt Augustin in der Praxis, entgegen seinen früheren Forderungen, sogar zur Anwendung von Gewalt gegen Andersgläubige. Die eigene Gemeinschaft allein ist die gemeinsame Wahrheit der Menschheit. Sie gilt, obgleich sie als eigene dieser Gemeinschaft und faktisch ausschließende da ist, doch nicht als Lüge. Die gegnerische Gemeinschaft dagegen ist gemeinsame Wahrheit nur als die ihr eigene und daher ausschließende und gilt daher als Lüge.

Dieselbe Umwendung von der Offenheit der Kommunikation zum Anspruch auf Gewalt der einzigen Autorität beobachten wir in folgender Gestalt: Augustin verwehrt es in frommen Gedanken, irgend etwas an Gottes Stelle zu setzen. Wir sollen die Glaubensautorität nicht im Vordergründigen sehen, gleichsam zu kurz greifen. Denn dann

»bleiben wir auf dem Wege stehen und setzen unsere Hoffnung (statt auf Gott) auf Menschen und Engel«. Stolze Menschen und Engel maßen sich an und haben ihre Freude daran, wenn andere ihre Hoffnung auf sie richten. Heilige Menschen aber und gute Engel »werden uns zwar aufnehmen, wenn wir ermüdet sind, dann aber, wenn wir gestärkt worden sind, verweisen sie uns auf den, in dessen Genuß wir so selig werden können wie sie«. Nicht einmal Jesus wollte für uns etwas anderes sein als Weg und verlangte, »daß wir an ihm vorübergehen sollen«. Nur allein Gott ist Autorität. Alles andere ist auf dem Wege und wird Vergötzung, wenn es statt Gottes genommen wird. Nun aber immer sogleich die Umwendung. Auf die Frage: Wo spricht Gott? ist immer die Antwort: in der Offenbarung. Mit ihr bleiben wir nicht auf dem Wege, sondern gelangen durch Gottes uns ergreifende Liebe zu ihm im Glauben der Kirche, der wir uns im Gehorsam beugen.

Wieder anders sieht die Umwendung so aus: auf dem Wege geschieht ein selbständiges Vernunftleben in rationalen Bemühungen. Solche bedürfen, wenn Augustin sie selbst vollzieht, der Rechtfertigung. Er meint, (in der Schrift De musica), er hätte dies Wagnis nicht unternommen, wenn nicht der Zwang, die Ketzer zu widerlegen, gebiete, »solchen kindischen Beschäftigungen des Sprechens und Erörterns soviel Kraft zu opfern«. Also das Denken ist Hilfsmittel für Glaubensschwache. Da bedarf es langsamer Wege, die von heiligen Männern im Fluge bewältigt und nicht des Betretens gewürdigt werden. Denn sie verehren in Glauben, Hoffen und Lieben »die wesensgleiche und unveränderbare Dreieinigkeit des einen höchsten Gottes. Sie sind nicht durch die flimmernden menschlichen Vernunftschlüsse, sondern durch das kräftigste und brennendste Feuer der Liebe gereinigt.« Aus solcher Geringschätzung des Denkens und der einzigen Hingabe an Glaube und Liebe, die kräftig sind ohne und über alles Denken hinaus, aus dieser Klarheit in bezug auf die Ursprungsverschiedenheit von Denken und Glauben erfolgt jederzeit die Umwendung vom Denken zum Glauben. Wenn die höchste Wahrheit ganz nur zu dem Glaubenden spricht, wenn kein Weiterdringen der Vernunft in ihrem unendlichen Suchen diese Wahrheit je erreicht, so ist doch auch kein Glaube ohne Vernunft. Daher sagt Augustin: Sieh ein, damit du glaubst; glaube, damit du einsiehst (intellige ut credas, crede ut intelligas). Auch Glauben ist Denken. Glauben selbst ist nichts anderes als mit Zustimmung denken (cum assensione cogitare). Ein Wesen, das nicht denken kann, kann auch nicht glauben. Darum: liebe die Vernunft (intellectum valde ama). Ohne Glauben aber erfolgt keine Einsicht. Die Jesaiasstelle (7, 9) gilt: Wenn ihr nicht glaubt, seht ihr nicht ein (wie es in der Septuaginta heißt, in der Vulgata: Wenn ihr nicht glaubt, bleibt ihr nicht). Die Einsicht aber beseitigt nicht den Glauben, sondern befestigt ihn.

Die erstaunliche Augustinische Umwendung geht also erst zum Zwingen des Andersgläubigen (was wir an die Spitze stellten). Vorher ging sie zum Hören Gottes selbst in seiner Offenbarung und ging sie zur Einheit von Denken und Glauben. Diese Umwendung ist die allgemeine Erscheinung der christlichen Welt, die in Augustin ihre größte Denkergestalt hat. Ist sie nur ein Irrtum, den wir mit aufklärenden Gedanken umfassender Vernunft schnell vertreiben können? Sind Jahrtausende lang Menschen hohen Ranges, die scharf und tief zu denken vermochten und herrliche Schöpfungen in Kunst und Dichtung hervorbrachten, durch einen bloßen Irrtum genarrt? Oder hat im Kleide des Offenbarungsglaubens die eigentliche Philosophie gewirkt? Wir beschränken uns hier darauf, näher zu sehen, was Augustin gedacht hat.

a) Erkenntnislehre

Erstens: Unsere Grunderfahrung im Denken ist, daß uns ein Licht aufgeht, in dem als allgemeingültig und notwendig erkannt wird, was zeitlos besteht, etwa daß die Winkel des Dreiecks zwei Rechte betragen, daß $7 + 3 = 10$ ist. Wir nehmen hier nicht etwas wahr, das auf unsere Sinne wirkte, und bringen es doch nicht hervor, als ob es unsere Schöpfung wäre, sondern finden es durch unser geistiges Tun, dem es sich zeigt. Es ist das Wunder der Wahrheit, daß es etwas gibt, was ich einsehe und was ich doch nicht in Zeit und Raum außer mir sehe. Wie komme ich endliches Sinnenwesen, das in Zeit und Raum lebt, zu solcher Wahrheit unsinnlichen, zeitlosen, unräumlichen Charakters?

Augustin antwortet mit Platonischen und eigenen Gleichnissen: Die Wahrheit *ruhte ungewußt in mir*. Aufmerksam gemacht, hole ich sie aus dem eigenen vorher verborgenen und immer noch unergründlichen Inneren. Oder: wenn ich sie einsehe, dann sehe ich sie in einem *Lichte*, das von Gott kommt. Ohne dieses Licht wäre keine Einsicht zu verstehen. Oder: es ist ein *innerer Lehrer*, und dieser selbst steht im Zusammenhang mit dem Worte, dem Logos, dem Wort Gottes, das mich belehrt.

Augustins Besinnung auf das Rätsel gültiger Wahrheit läßt ihn in dieser selber schon die Wirksamkeit Gottes erspüren. Was später in reichen Abwandlungen, komplizierten Unterscheidungen und Kombinationen entfaltet wurde, und was heute Erkenntnistheorie heißt, hat in Augustins mannigfach gewonnenen und scharfen Formulierungen seinen historischen Grund.

Aber ein Platonisches Moment hält Augustin stets fest: in der Wahrheitserkenntnis sehen wir das Erkannte zwar in göttlichem Lichte, schauen aber nicht Gott selber; und: unser Erkennen ist kein schwaches Abbild göttlichen Erkennens, sondern wesensverschieden vom göttlichen Erkennen.

Zweitens: Die Wahrheit, die wir erkennen, ist zwar eine, aber ihre Momente sind mehrere. *Erkenntnis* und *Wille* sind eins und getrennt.

In der Trennung ist Erkenntnis nichtig, in ihrer Einheit mit dem Willen erreicht sie erst ihren Sinn. Das Beweisenwollen Gottes erfolgt nicht durch bloßen Verstand. Augustin beklagt seinen Irrtum, daß er einst das Unsichtbare in gleichem Sinne gewiß haben wollte, wie sieben und drei die Summe zehn ergebe. Von Gott gibt es kein anderes Wissen in der Seele als durch die Weise, wie sie nicht weiß. Es gibt Rätsel über Rätsel: die Schöpfung der Welt, die Einheit von Seele und Körper. Aber das Denken soll ständig dahin vordringen: »Siehe ein, was du nicht einsiehst, damit du es nicht ganz und gar nicht einsiehst.« Die hohe Wahrheit öffnet sich nur dem, der mit seinem ganzen Wesen (totus) in die Philosophie eintritt, nicht nur der sich isolierenden Funktion des Verstandes. Voraussetzung für die Erkenntnis der Wahrheit ist die Reinheit der Seele, ist die durch ein frommes Leben erworbene Würdigkeit, ist die Liebe. Früher ist der Eifer, das Rechte zu tun, als die Begierde, das Wahre zu wissen. Gott schauen wird, wer gut lebt, gut betet, gut studiert. Dagegen wird solche Einsicht vernichtet durch den Hochmut des Geistes.

b) Offenbarung und Kirche

Die Wahrheit hat die Momente der Vernunft und Offenbarung. Beide sind eins und getrennt. Gott erleuchtet nicht nur die Verstandeskenntnis, sondern er gibt die Wahrheit selbst durch Offenbarung der gegenwärtigen Kirche und durch die Kirche der Bibel. Glaube ist kirchlicher Glaube oder er ist gar nicht. Von außen kommt, was im Innern geglaubt Aufnahme findet. Von dort her wird alles andere beurteilt. In dem Bewußtsein der Ohnmacht, des totalen Angewiesenseins der eigenen Bodenlosigkeit rettet die Ergriffenheit von etwas, das von außen eindringend in der tiefsten Innerlichkeit seinen glaubenden Widerhall findet. Es ist ein Erleiden der in der Welt wirksamen heiligen Gegenwärtigkeit, in der Gott selbst spricht. Es steht fest für Augustin, daß nur auf diesem Wege Gott zu finden ist. Es ist nicht die Grunderfahrung des Selbstseins als Sichgeschenktseins, sondern darüber hinaus noch einmal die Überwältigung dieses Selbstseins von außen, so daß es sich und dem, wodurch es sich geschenkt ist, nur dann vertraut, wenn die irdische Kirche die Bestätigung vollzieht. Die allgemein menschliche Grunderfahrung, bei wirklichem Ernst des eigenen Tuns doch mich ergriffen zu wissen von dem, was nicht ich selber bin, daher mit meinem Tun im Dienste zu stehen, nimmt bei Augustin die bestimmte historische Gestalt des Dienstes in dieser Kirche an.

Bei Augustin ist der große Vorgang auf dem höchsten kirchlich erreichten geistigen Niveau im Ursprung zu studieren. Die Möglichkeiten schienen bei ihm manchmal noch weiter, noch offener, als sie sich später zeigten, nahmen dann aber auch schon bei Augustin selbst die ganz bestimmten Fassungen an, durch die auf den Geleisen der kirchlichen Macht, die längst gelegt waren, das Selbstbewußtsein dieser Macht sich verstand.

c) Aberglauben

Die Wissenschaften verachtet Augustin. Nur soweit sie nützlich sind für das Bibelverständnis, lohnt sich die Beschäftigung mit ihnen. Die Welt ist für Augustin ohne Interesse, außer daß sie als Schöpfung auf den Schöpfer weist. Sie ist der Ort der Gleichnisse, Bilder und Spuren.

Augustins Zeitalter hatte die Wissenschaften, deren Fortgang schon im letzten Jahrhundert vor Christus aufgehört hatte, fast vergessen, obgleich die Bücher noch da waren. Nicht Barbareneinfälle, nicht materielle Nöte, nicht soziologische Beschränkungen haben den wissenschaftlichen Geist vernichtet, sondern einer jener großen historischen Prozesse, in dem die innere Verfassung des menschlichen Daseins fast aller jeweils Lebenden eine Wandlung zu erfahren scheint, ohne daß wir die Notwendigkeit solchen Geschehens begreifen.

In diesem Zeitalter sehen wir Augustin im Kampf mit dem Aberglauben und selbst dem Aberglauben verhaftet. Denn der biblisch bestätigte Aberglaube ist für ihn kein Aberglaube. Und das entscheidende Motiv gegen den Aberglauben ist nicht bessere, weil methodische Einsicht in die Realitäten der Welt und das, was als Realität in ihr vorkommen kann, sondern der Glaube an Gott und der Wille zum Heil der Seele. Darum beobachten wir bei ihm ein denkwürdiges Ineinander fast aller Motive.

Im Kampf gegen die Manichäer operierte er mit Gründen. Er wollte ihr vermeintliches Wissen vom Weltall, von den Sternen, von kosmischen Vorgängen, vom Kampf zweier kosmischer Mächte durch Gründe, die einsehbar sind, widerlegen. Sein Vorwurf war: »Hier ließ man mich blindlings glauben.« Er durchschaute die Grundlosigkeit ihres Scheinwissens.

In dieser Verwerfung des Scheinwissens als Aberglauben liegt die Macht des Gottesglaubens, die Abwehr gegen die Materialisierung der Transzendenz, die Abneigung gegen Geheimwissen und Zauberei, gegen die Wichtigtuerei. Diese Macht des Gottesglaubens wirkt für Redlichkeit und Offenbarkeit. Dann spürt Augustin, daß all dieses Weltwissen, mag es richtiges oder Scheinwissen sein, kein Heilswissen ist, das der Seele hilft. Daß er aber im Kampfe gegen dieses Scheinwissen mit Gründen operiert, das bezeugt einen Augenblick auch seinen Sinn für wissenschaftliche, das heißt logische, methodische und empirische Forschung, und für die Unterscheidung dessen, was wißbar und was nicht wißbar ist. Dieser Sinn aber ist nur in momentanen, schnell abbrechenden und gar nicht methodisch festgehaltenen Gedanken da. Er ist ganz unzuverlässig. Denn die zahllosen Behauptungen in bezug auf Realitäten in der Welt, über die eine Forschung allgemeingültig zu entscheiden vermag, welche Augustin aber auf dem Boden des christlichen Glaubens vollzieht, verfallen für uns aus sachlichen Gründen demselben Verdikt, das Augustin gegen das Scheinwissen der Manichäer fällt. Sein Gottesglaube verhindert ihn nicht, in anderen Zusammenhängen ein Scheinwissen zu behaupten wie sie.

Ich wähle ein Beispiel, das zugleich den Tiefsinn Augustins zeigt. Er bekämpft die Astrologie als für das Seelenheil gefährlichen Aberglauben. Er bringt zum Teil richtige Argumente, die auch heute gelten. Aber nun beobachtet er, daß nicht nur so viele Menschen diesem Aberglauben verfallen sind, dieser als solcher also eine Realität ist, sondern daß astrologische Voraussagen manchmal zutreffen. Wie ist das zu erklären? Augustins Antwort: Durch die Existenz der Dämonen. In den unteren Luftregionen leben böse Engel als Diener des Teufels. Sie bemächtigen sich der Menschen, die nach bösen Dingen lüstern sind, und geben sie dem Hohn und der Täuschung preis. »Dieser teuflische Hohn und Trug ist daran schuld, daß durch solche abergläubische und verderbliche Art von Weissagung gar manches Vergangene und Zukünftige nach dem wirklichen Verlauf angegeben wird.«

Der tiefere Sinn und der Realitätscharakter all dieses Unfugs liegt darin, daß dieser »Wahn als gemeinsame Sprache mit den Dämonen verabredet worden ist«. Dieser Aberglaube geht »auf ein verderbliches Übereinkommen zwischen Menschen und bösen Geistern zurück«. An sich haben diese wahnhaften Dinge nicht Kraft und Realität, sondern »weil man sich mit diesen Dingen abgab und sie bezeichnete, erlangten sie erst Kraft. Daher kommt für einen jeden aus ein und derselben Sache etwas Besonderes heraus je nach seinen Gedanken und Vermutungen. Denn die auf Trug sinnenden Geister besorgen für jeden gerade das, worin sie ihn schon an sich durch seine persönlichen Vermutungen verstrickt sehen.« Augustin vergleicht sie mit den von Menschen erfundenen Zeichen, den Ziffern und Buchstaben. »Wie sich die Menschen bezüglich dieser Bezeichnung nicht deshalb verstanden haben, weil diese Bezeichnung schon an sich eine bezeichnende Kraft besaß, sondern weil man sich eben bezüglich ihrer miteinander verstand, so haben auch jene Zeichen, durch die man sich die verderbliche Gesellschaft der Dämonen erwirbt, Kraft nur durch die Tätigkeit desjenigen, der sie beobachtet.«

Augustin nimmt die Existenz der Dämonen als selbstverständlich. Dies ist ihm kein Aberglaube (weil er durch die Bibel belegt wird). Dann aber erblickt er vermöge seiner Logik des »Bedeutens« das Wesen des Übereinkommens als Realität. An dieser Realität zweifelt er nicht. Aber der Unterschied von Realität und Irrealität ist nicht der von Wahrheit und Trug. Die Dämonen können in den Aussagen der Abergläubischen recht behalten. Die Realität des Truges aber hört auf, wenn die Wahrheit in der Lebenspraxis des an den einen Gott Glaubenden zum Siege kommt. Die Abwehr der Realität geschieht daher nicht durch Gründe, sondern durch die Wirklichkeit des Ethos. Aberglaube und Dämonenrealität und verdunkeltes Leben stehen ebenso in Zusammenhang wie Glaube und Wirklichkeit Gottes und das sittliche Leben. Nicht Gründe der Einsicht, sondern der Glaube selbst entscheidet. Aberglaube ist der Akt, in dem ich mit den Dämonen paktiere.

Nicht nur in der Astrologie in bezug auf die Wirkung der Sternkonstellationen, sondern bei allen Dingen, die Gott geschaffen hat, ergehen Menschen sich in abergläubischen Deutungen. Wenn ein Maulesel Junge bekommt, wenn etwas vom Blitz getroffen wird, dann »haben viele Menschen auf bloß menschliche Mutmaßungen hin gleich viele Deutungen schriftlich aufgezeichnet, als wären es regelrechte Schlußfolgerungen«. Der Unterschied solcher Mutmaßungen ist, ob sie auf der Linie des Aberglaubens oder auf der Linie der christlich-kirchlichen Autorität liegen. Wenn sie durch Bibelstellen, durch Kirchenautorität gegründet werden, so sind sie Wahrheit. Augustin bekämpft den Aberglauben der Astrologie durch den Offenbarungsglauben, aber mit dem Mittel des Aberglaubens an Dämonen.

Das gesamte Werk Augustins ist durchsetzt mit dem Aberglauben, den man »Volksfrömmigkeit« nennt. Er hat in der Zeit seiner praktischen Tätigkeit als Priester alles aufgenommen, was bestand, so Hölle, Fegefeuer, Märtyrerkult, Reliquien, Fürbitte. Er schreibt entzückt, daß »ganz Afrika voll von heiligen Leibern ist«. Er nimmt kritiklos teil am Wunderglauben. Er läßt praktisch an Bräuchen und Vorstellungen zu, was, sei es nützlich, sei es spontaner Ausdruck, religiös-abergläubischen Sinnes ist. Sein praktisches Denken sucht die Kräfte, die es ruft und anerkennt, nur zu mäßigen. Er kann eingreifen, und es entsteht dann eine Kritik im besonderen, die, weil sie nicht grundsätzliche Kritik ist, doch die Sache in ihrem ganzen Umfang bestehen läßt. Allem diesem aber kann man entgegenhalten Augustins wiederholte und großartige Bekämpfung des Aberglaubens: Aberglaube ist alles, worin ein Geschöpf als Gott verehrt wird.

Daß dieser hohe und wahre Maßstab nicht festgehalten wird, führt zu den Widersprüchen, die sich im einzelnen zeigen lassen, z. B.: der Märtyrer- und der Heiligenkult wird gerechtfertigt durch eine Unterscheidung: in ihm fände Verehrung (honorari), nicht Anbetung (colere) statt; dann aber wird das Wort colere doch an anderer Stelle gerade für die Verehrung der Heiligen gebraucht. Es ist ein Zeichen, daß praktisch in der Seele der Gläubigen und Augustins die Unterscheidung nicht festgehalten wurde (es liegt bei Augustin übrigens nicht anders als in fast der gesamten christlichen Geschichte, nicht anders als bei Luther und vielen Protestanten: sie bekämpfen den Aberglauben, den sie selbst vollziehen: Teufel, Hexenglaube, Wunder).

Bei seinen Argumentationen gegen den Aberglauben hat Augustin nicht selten den gesunden Menschenverstand, er benutzt auch aufklärerische Gedankengänge, aber nicht auf der Ebene gereinigter wissenschaftlicher Methoden, die er nicht kennt, sondern zufällig und ohne Grundsätzlichkeit. Sie sind kein entscheidendes Motiv. Entscheidend ist allein der biblische Gottesglaube und die Gefahr eines falschen Meinens für das Seelenheil.

Augustin ergeht sich, wo es sich um reale, wissenschaftlich erforschbare Probleme handelt, in umständlichen, unmethodischen, insofern leichtsinnigen Erörterungen. Brocken eines einmal angeflogenen Realwissens, rationalistische Argumentationen, Imaginationen befremden uns. Sie sind der dunkle Nebel, der sein Werk durchdringt. Aber diese Nebel zerstreuen sich immer dort, wo die eigentlich Augustinischen Gedanken in herrlicher Klarheit wie zu einem anderen Raum sich erheben.

3. *Gott und Christus*

Die Bewegung der Augustinischen christlichen Gottesanschauung hat zwei Richtungen. Die eine Bewegung läßt Gott immer tiefer, immer weiter, immer spiritueller werden, — sie greift hinaus über jede Vorläufigkeit, — sie läßt Gott immer unbegreiflicher, unerschöpflicher und immer ferner werden. Die andere Bewegung läßt Gott ganz gegenwärtig, leibhaftig anwesend sein in Christus: Gott ist Mensch geworden und in der Kirche als dem corpus mysticum Christi ganz nah. Es ist, als ob auf dem ersten Weg die Gottesanschauung unaufhaltsam weiter ins Unermeßliche wüchse, auf dem zweiten Wege sich gleichsam einhäuse.

Der Gott Augustins ist untrennbar von Christus, dieser einmaligen Gottesoffenbarung, von der die Kirche zeugt. Das ist der Sinn der Bekehrung: Gott nur auf dem Weg über Christus und die Kirche und das Wort der Bibel zu finden. Augustins Gottesdenken vollzieht sich zwischen dem unendlich fernen, verborgenen Gott und dem durch Christusanschauung kirchlich offenbaren, gleichsam eingefangenen Gott. Geht man mit Augustin auf dem einen Weg, so wird man zurückgeworfen auf den anderen, wechselseitig.

In Augustin ist der große Atem des biblischen Eingottesgedankens, bei dem von Christus gar nicht die Rede ist. Und in Augustin ist die ihn überwältigende Kraft des Christusgedankens, in dessen leibhaftiger Enge und Nähe am Ende von Gott kaum noch die Rede ist.

Der Gedanke an den Menschen Jesus, den unermeßlich leidenden, auf die schrecklichste Weise sterbenden, den Menschen in seiner Niedrigkeit, in seiner Demut und seinem Gehorsam bis in den Tod, übersetzt sich in den Christusgedanken: Der eine allmächtige Gott nahm zur Errettung der Menschen Knechtsgestalt an. Seine Stärke vollendet sich in der vollkommensten Schwäche, seine einzige unveränderliche Wirklichkeit im Untergang an dieser Welt. Jesus, der Mensch, ist Vorbild für uns. Jesus, der Christus, ist der Logos, ist Gott selber, erlöst uns, wenn wir an ihn glauben. »Er nahm Knechtsgestalt an, ohne die Gestalt Gottes zu verlieren, die Menschheit anziehend, ohne die Gottheit auszuziehen, Mittler, sofern er Mensch ist, als Mensch auch der Weg.«

Die Spannung des gedanklich Unvereinbaren, des Gottesgedankens und Christusgedankens wird gelöst nicht in einer vollendbaren Einsicht, sondern in den christologischen und trinitarischen Spekulationen, die das Mysterium nicht begreifen, aber erhellen sollen.

Die behauptete Menschwerdung Gottes — »den Juden ein Skandal, den Griechen eine Torheit« — enthält einen hohen Sinn, den menschliche Vernunft sich zugänglich machen kann: die Auffassung des äußersten menschlichen Unheils, die Aneignung der tiefen jüdischen Leidenserfassung, die Sprache der Gottheit im Scheitern, — im entsetzlichsten Leiden das Erspüren des Opfers, das Menschen zugemutet wird, — das Durchschauen nicht nur der menschlichen Grenzen, sondern des untilgbaren Restes seines in jedem philosophischen Sich-auf-sich-selbst-Verlassen auch irrenden Stolzes, — die Demut der Seele, die der Transzendenz gewiß wird. Aber das alles geht aus vom Menschen Jesus. Es bedeutet nicht, daß Jesus auch Christus, Gott selber sei.

a) *Das philosophische Transzendieren.* — Im philosophischen Transzendieren vollzieht Augustin auf neuplatonischem Boden, zunächst aus der Leidenschaft des Glaubens an den biblischen Einen Gott, folgende Gedanken:

Da Gott nicht Gegenstand einer unmittelbaren Wahrnehmung ist, gibt es für die Erkenntnis nur den Weg des Aufstiegs zu ihm. Diesem dienen die »Gottesbeweise«. Augustin läßt sie nicht systematisch und nicht abstrakt zur Geltung kommen, sondern in einer erregenden Anschaulichkeit. Die Zweckhaftigkeit und Ordnung der Welt weist auf Gott. Das Unsichtbare wird aus der sichtbaren Schöpfung eingesehen. Alle Dinge, Himmel und Erde, Sonne, Mond und Sterne, Pflanzen und Tiere und der Mensch sprechen gleichsam: Gott hat uns geschaffen.

»Ich fragte den Himmel, die Erde, die Sonne, den Mond, und jeder sagte: ich bin nicht dein Gott, — ich fragte das Meer und die Abgründe und die Tiere, und sie antworteten: wir sind nicht dein Gott, frage über uns hinaus ... Und ich sagte allen: ihr habt mir von meinem Gott gesagt, daß ihr nicht er seid, sagt mir etwas von ihm; und sie riefen mit gewaltiger Stimme: er hat uns geschaffen.«

Gott ist überall verborgen, überall offenbar. Niemandem ist es erlaubt, zu erkennen, daß er ist, und niemandem, ihn nicht zu kennen. Atheismus aber, sagt Augustin, ist ein Wahnsinn.

Wodurch rufen Himmel und Erde und alle Dinge, daß sie geschaffen sind? Dadurch, daß sie sich verändern und sich wandeln. Nur im Sein, was »nicht geschaffen ist und dennoch ist, in dem ist nicht etwas, das vorher nicht war«. Darum rufen alle Dinge durch die Weise ihres Daseins: »Wir sind, weil wir geschaffen sind; wir waren nicht, bevor wir sind, so daß wir uns aus uns hätten schaffen können.«

Dies wissen wir dank Gott. Aber unser Wissen ist, dem seinen verglichen, Nichtwissen. Denn ihn selbst erkennen wir nicht. Für die Gotteserkenntnis gilt: »Wenn du ihn begreifst, ist er nicht Gott.« »Gott ist unaussagbar. Wir können leichter sagen, was er nicht ist, als was er ist.« »Alles kann von Gott gesagt werden, und nichts wird angemessen von Gott gesagt.«

Denken wir Gott, so denken wir ihn in Kategorien, ohne die kein Denken möglich ist. Da er aber in keiner Kategorie steht, können wir ihn nur denken, indem wir mit Kategorien, diese zerbrechend, gleichsam über sie hinaus denken. So formuliert Augustin, daß wir, wenn wir können, Gott so erkennen, daß er gut ist ohne die Qualität der Güte, groß ist ohne Quantität, über allem thront ohne örtliche Lage, alles in sich faßt, ohne es in sich zu enthalten, überall ganz ist ohne örtliche Bestimmtheit, ewig ist ohne Zeit, Schöpfer der veränderlichen Dinge ist ohne Veränderung seiner selbst.

Wenn jede Aussage unzutreffend ist, so ist die beste, die Einfachheit (simplicitas) von ihm zu sagen. Denn nichts kann in Gott unterschieden werden, nicht Substanz von Akzidens und nicht Subjekt von Prädikat. Daher ist die Identität des Ununterschiedenen, die Einheit der Gegensätze eine angemessene Aussageform, aber eine solche, in der nichts gesagt wird. Das Ende des Gotterdenkens ist Schweigen.

b) *Jesus Christus.* — Im philosophierenden Transzendieren wird alles Denkbare durchbrochen. Gott wird in seiner Wirklichkeit fühlbar dadurch, daß nichts gesagt wird. Gottes Wirklichkeit ist so, daß jede, auch die gewaltigste, Endlichkeit und Denkbarkeit vor ihm zu nichts zu werden scheint und als Nichts unfähig ist, von Gott eine Vorstellung oder Denkbarkeit zu bringen. Wenn so im Erdenken Gottes unserem endlichen Denken alles entzogen wird, ihm nichts bleibt, dann ist beides möglich: dies Sprechen des transzendierenden Philosophierens als angemessenen Ausdruck für die existentielle Überwältigung durch die einzige Wirklichkeit zu erfahren, oder dies Sprechen als das völlige Scheitern der Denkbarkeit Gottes, als Verschwinden des Seins Gottes für uns, in seiner Inhaltlosigkeit enttäuscht zu verwerfen.

Hier liegt der entscheidende Punkt. Der Mensch begehrt Leibhaftigkeit. Gott ist da in Christus. »Das Wort ward Fleisch.«

Augustins Denken vermag nun mit gleicher Leidenschaft beides: Er vollzieht den transzendierenden Aufschwung, der, weil er für die Erkenntnis nichts hat, im Schweigen endet, und er vermag im leibhaftigen Christus anzunehmen die sich offenbarende Gnade Gottes, der sich dem Menschen in Gestalt seiner Menschwerdung zuwendet, — für den, der dies zu glauben vermag.

Der Glaube ist: Gott wurde Mensch. Gott sprach als Mensch (er »hätte alles auch durch Engel« vollziehen können), weil nur so die Menschenwürde gewahrt wurde. Sie »wäre weggeworfen, wenn Gott den Anschein bestehen ließe, er wolle nicht durch Menschen dem Menschen sein Wort verkünden«.

Erstens nahm Christus »Knechtsgestalt« an (ohne die Gestalt Gottes zu verlieren), um Vorbild für den Menschen zu sein. »Unter den Niedrigen hat er sich gebaut eine niedere Wohnung aus unserem Staube, wodurch er die, die er sich unterwerfen wollte, vom Stolz heilte, ihre Liebe nährte, damit sie nicht in Selbstvertrauen weiter wankten, sondern zum Gefühl ihrer Schwäche kämen beim Anblick der schwachen Gottheit zu ihren Füßen.« Glaubend erkennen wir, »was seine Niedrigkeit uns lehren soll«: wir »erblicken den Demütigen in Demut«.

Humilitas ist das Wort, das mit Demut unzureichend übersetzt ist. Es schließt in seinen Sinn ein: was am Boden (humus) bleibt, niedrig, knechtisch, — schwach, — verzagt —, und sich in diesem allen selbst sehen und darin demütig (humilis) werden. Das Gegenteil, der Stolz (superbia) ist das Grundverderben des Menschen.

Der unheilbare Stolz soll durch Gottes Selbsterniedrigung zur verachtetsten Gestalt des Menschseins geheilt werden. »Welcher Stolz kann geheilt werden, wenn ihn die Demut des Gottessohns nicht heilt?« »Gott hat sich erniedrigt, und der Mensch ist noch stolz!«
Zweitens wurde Gott Mensch, um Gnadenmittel zur Erlösung des Menschen zu sein. Christus ist gestorben, aber an ihm ist der Tod gestorben. »Vom Tode getötet, tötete er den Tod.« In Gottes Tat schaut der Glaubende an den tiefsten, zur Errettung der Seele nach Adams Fall notwendigen Prozeß und erfährt die Wirkung dieser Tat. »In dem Menschen Jesus sollte die Gnade selbst gewissermaßen zur Natur werden.«
Indem Augustin beides — das Vorbild und die Gnade des göttlichen Aktes —, das rechte menschliche Sichverhalten und die Anschauung des göttlichen Tuns, — sich ineinander spiegeln läßt, erwachsen ihm die merkwürdigen, großartigen und absurden Sätze, die selber wieder sich überschlagen zu neuen Unlösbarkeiten.
Denn Leiden und Sterben Jesu, seine Kreuzigung und seine Auferstehung, Himmelfahrt und sein Eingang in das Reich Gottes sind zugleich das Leben, das der Glaubende lebt. »Wir wollen Dank sagen, daß wir nicht nur Christen geworden sind, sondern Christus. Denn wenn er das Haupt ist, wir die Glieder, so ist dieser ganze Mensch Christus, er und wir.«
Die Unlösbarkeiten — von Augustin als Abgründe des Menschseins erleuchtet — sind radikal. »Der sich erniedrigende Christus wurde am Kreuz erhöht; unmöglich konnte seine Erniedrigung etwas anderes sein als Hoheit.« Dem entspricht beim Menschen: »Die Demut ist un-

sere Vollkommenheit selbst.« Das Niedrigste wird zum Höchsten, die Demut zur Herrlichkeit des Menschen.

Aber nun: die gewollte Demut, die die Niedrigkeit erstrebt, sich an ihr teilnehmend erbaut, wird als solche sogleich zu neuem Stolz. Als mit sich zufrieden ist die Demut schon nicht mehr demütig. Zwinge ich mich asketisch zur Demut, so liegt in solcher Vergewaltigung meiner selbst schon der Stolz; die aktive Askese wird in der Macht über sich selbst zum Triumph des stolzen Selbstseins. Solche Paradoxien werden wir in Augustins Erdenken von Freiheit und Gnade zur Helligkeit gebracht sehen.

Werfen wir den Blick auf einige andere Folgen der Gegensetzung von humilitas und superbia:

Es handelt sich um eine Umwendung des natürlichen, vitalen, tätigen Selbstbewußtseins, das sich behauptet, in der Macht Würde, in der Haltung Vornehmheit will und das Niedrige verachtet, in eine radikal entgegengesetzte Lebensverfassung, die in der Welt unmöglich scheint.

Dann: In der Lebenswirklichkeit kann nur ein Selbstsein, das tätig im Stolze war, demütig werden, ohne passiv duldend nichts zu tun. Nur wer mit Selbstvertrauen in der Welt wagt und dadurch hervorbringt, kann erfahren, wie dieses Selbstvertrauen gar nicht auf sich selbst ruht, sondern angewiesen ist auf das, wodurch ich selbst bin.

Schließlich: Seitens der in der Welt durch ihre Artung, durch ihr Unglück, durch ihre niedrige Stellung Schlechtweggekommenen entsteht nicht nur immer der Haß gegen das Höhere, das Edlere, das Glücklichere, sondern im Kleide dieser christlichen Umwertung des Niederen in das Höhere nimmt dieser Haß Rache an dem Höheren. Eine Umfälschung der Werte ermöglicht es, daß die Ohnmacht sich Macht, der tiefe Rang sich den hohen Rang gibt (Nietzsche). Diese psychologischen Verstrickungen sind endlos und ein ergiebiges Feld einer entlarvenden, verstehenden Psychologie.

Aber all das kann nicht gegen die Wahrheit im Ursprung dieser Gedanken und Wirklichkeiten gewendet werden. Denn in jeder Überlegenheit, in jedem Gelingen, in jedem Triumph, im Mehrsein als solchem liegt etwas, das sich in Frage stellt. Es ist keine Freude im Sieg, wenn der Gegner nicht Freund wird. Was an Achtung vor dem Gegner, an Kampf ohne Haß, an Versöhnungsbereitschaft in der Welt ist, kann zwar selber dem sublimen Machtwillen entspringen, der immer noch mehr will, indem er vordringt in höhere Stufen des Seins, aber es kann auch nur wahrhaftig dem Bewußtsein der eigenen totalen Ohnmacht entspringen, jener Ohnmacht im Schein realer Macht, jener Demut, in der der Mensch sich selbst nie genug ist, sondern den andern, alle sucht, ohne die er nicht er selbst sein kann. Hier entspringen die Fragen der Ritterlichkeit, des Adels im Kampfe, der Solidarität. Eine undurchdrungene Welt des Ethos öffnet sich mit dem mythischen Christusgedanken, sofern hier die Quelle und das Vorbild menschlichen Tuns in einfachen Chiffern vor Augen gestellt wird.

c) *Trinität*. — Der Gottesgedanke des philosophischen Transzendierens gründet in der Vernunft, der Christusgedanke im Glauben an Offenbarung. Jenes Transzendieren geschieht in zeitindifferenten Vollzügen gerichtet auf das Zeitlose, dieser Christusgedanke im zeitlich bestimmten, geschichtlich entscheidenden Glauben an ein geschichtliches Ereignis (ein mythischer Glaube, der sich durch die historische Realität des Menschen Jesus vom Mythos unterscheiden möchte). Beides scheint unvereinbar. Die Ergriffenheit von philosophischen Gedanken erscheint leer von diesem Glauben her. Dieser Glaube erscheint absurd vom Philosophieren her. Daß der Glaube vernünftig werde und im Philosophieren sich bestätige, daß Glaube und Philosophie dasselbe werden, dazu soll das Erdenken der Trinität durch Augustin helfen. Er hat die größte, lebenwährende Mühe auf diese Spekulationen gewendet und in seinem umfangreichen Werk über die Trinität niedergelegt. Aber in dieser Einheit von Philosophie und Glauben, die nicht Synthese ist, weil Augustin sie grundsätzlich nirgends trennt, wiederholt sich der Grundzug des gesamten Augustinischen Denkens. Die Trinität ist ein Mysterium der Offenbarung, das im Denken zu einer Wissensform des gesamten Seins wird, die schönsten Einsichten zu bringen scheint, aber wiederum im Schweigen des Nichterkennenkönnens endigt.

Die Tatsache, daß das Trinitätsdenken im Abendland durch Jahrtausende so außerordentliche Geltung und Wirkung hatte, verbietet es, nur eine Absurdität darin zu sehen, weil die Trinität keine wirksame Chiffer mehr ist. Wir fragen, welche Motive sich im Trinitätsdenken zeigen, und suchen uns einzudenken in das, was es in jenen Erfahrungen des glaubenden Denkens bedeutet haben mag.

Ein Motiv für die Trinitäts-Spekulation ist folgendes: Wenn Gott in Christus Mensch wird, so soll dies Geheimnis deutlich werden durch die Trinität: die zweite Person, der Logos, wird Mensch. Ohne Trinität ist der Gottmensch für das Denken nicht begreiflich. Mit einer seiner drei Personen, dem Sohn oder Logos, wird Gott Mensch und ist doch in drei Personen Einer. Der Einsatz der Glaubenserkenntnis steigert das Mysterium, in dem der Glaube zwar doch nicht begreift, aber sich deutlicher macht die Menschwerdung.

Ein anderes Motiv des Trinitätsdenkens ist der Wille, in Gottes Wesen einzudringen: Gott wird Person, ist aber mehr als Person. Denn Personsein ist Gestalt des Menschseins. Wäre Gott in diesem Sinne Person, so wäre er bedürftig nach anderen Personen, mit ihnen in Kommunikation zu treten. Die Unmöglichkeit, Gott als die eine absolute Person zu denken, ohne ihn herabzuziehen in die Ebene des menschlichen Personseins, drängt zu der anderen Unmöglichkeit, Gott in seiner Überpersönlichkeit als Einheit von drei Personen zu denken.

Das Eine der Transzendenz soll für das menschliche Denken nicht Leere bleiben, nicht Nichts. Es wird eingedrungen in ein inneres Leben der Gottheit, die Bewegung in ihr zu erblicken, den lebendigen Gott denkend zu erfahren. Es wird die Befriedigung einer Versenkung in Gott gesucht, als ob man sein inneres Wesen erschauen oder doch erdenken könnte. Etwa: Gott sei nicht der Einsame, der nach liebender Gemeinschaft sich sehne, daher ein Anderes schüfe, die Welt und den Menschen, sondern Gott lebe vielmehr in der Selbstgenügsamkeit der Gemeinschaft dreier Personen, die eine sind.

Nach der negativen Theologie des Philosophierens, die nur sagt, was Gott nicht ist, um nun indirekt, aber ohne Inhalt, seiner Überschwenglichkeit innezuwerden, statt des bloßen »Überseins« des unabschließbaren Transzendierens, soll das Positive der Gottheit zur Erscheinung kommen. Dies aber ist, gemessen an jedem möglichen Gedanken, Mysterium. Die Trinität ist in ihrer Undenkbarkeit und Unvorstellbarkeit ein Bild des absoluten Geheimnisses. Daher die gewaltige Kraft dieses Bildes auf Menschen, die in ihm Genüge fanden: dann ist es einfach da durch Autorität und Bibel-Interpretation, ist nicht nur Bild, sondern offenbart, wird jeden Augenblick bestätigt durch Kirche und Bekenntnis, ist Ausgang, nicht Ergebnis der Spekulationen. Die Frage nach den Motiven des Bildes ist wesenlos. Jede Spekulation aber dieses Geheimnisses, wenn sie es rational begreiflich macht, muß, außer daß sie eine Torheit ist, allein des Begreiflichkeitsanspruchs wegen schon eine Häresie sein. Alle Trinitäts-Spekulationen, die zu einem scheinbar klaren Ergebnis kommen, stehen daher als ebenso viele Häresien um die unbegreiflichen Formeln des Mysteriums.

Herkunft und Wirkung der Trinitäts-Spekulationen sind zum Teil verständlich durch ihre Aufzeigung des Dreischritts — der Dialektik — in allen Dingen, in der Seele, in jeder Realität. Der Dreitakt im Denken alles Seienden ist ein Abbild der Gottheit.

Das Bildsein wird wechselweise gedacht: Durch die Erscheinungen der Triaden in Seele und Welt, die uns Bilder werden, steigen wir auf zu Gott, — Gott in der Wirklichkeit seiner Trinität zeigt sich in den unendlich vielen Abbildern der Dreierverhältnisse des Seienden.

Zahllos sind die Augustinischen Triaden, zum Beispiel: *In der Seele:* Sein, Erkennen, Leben (esse, intelligere, vivere), — Sein, Wissen, Lieben (esse, nosse, diligere) — Gedächtnis, Erkenntnis, Wille (memoria, intelligentia, voluntas) — Geist, Kunde, Liebe (mens, notitia, amor). — *In der Beziehung zu Gott:* Gott ist Licht unseres Erkennens, Träger unserer Wirklichkeit, das höchste Gut unseres Handelns, — er ist Grund der Einsicht, Ursache des Daseins, Ordnung des Lebens (ratio intelligendi, causa existendi, ordo vivendi), — er ist Wahrheit der Lehre, Ursprung der Natur, Glück des Lebens (veritas doctrinae, principium naturae, felicitas vitae). — *In allem Geschaffenen:* Bestehen, Unterschiedensein, Übereinstimmen (in quo res constat, quo discernitur, quo congruit), — Sein, Wissen, Wollen (esse, nosse, velle), — Natur, Erkenntnis, Gebrauch (natura, doctrina, usus). — *In Gott selbst:* Ewigkeit, Wahrheit, Wille (aeternitas, veritas, voluntas-caritas).

Das Dreierdenken des Göttlichen reicht über die christliche Welt hinaus:

Die Dreiheit ist seit Plato geläufig geworden: Bei ihm ist im Sein des Guten die Einheit des Guten, Wahren, Schönen gedacht (Symposion), anders ist die Dreiheit von Gott (dem Demiurgen), der ewigen Ideenwelt, auf die er blickt, und des Kosmos des Werdens, den er hervorbringt. Bei Plotin ist die Dreiheit des überseienden Einen, des Ideenreiches und der Weltseele. Die christliche Trinität: Vater, Sohn-Logos, Pneuma (Heiliger Geist).

Man mag die Unterschiede herausheben: etwa daß die Ideen bei Plato und Plotin ein selbständiges Reich, im christlichen Denken Gedanken Gottes seien. Man mag eine Dreiheit des Übersinnlichen in sich (das Eine, die Ideen, die Weltseele, diese drei Plotinischen Hypostasen, — oder: Vater, Logos und Heiliger Geist) unterscheiden von der Dreiheit, die die Welt einschließt. Man mag auf die Gleichnisse hinweisen, durch die die Beziehungen der Drei gedacht werden (Zeugung des Sohnes, Hauchung des Geistes, — Ursprung der Welt im Überfließen oder Ausfließen des Seins ohne Verlust des Seins, als Schöpfung aus Nichts, als Hervorbringung durch planvolle Gestaltung). Man mag die Kategorien betonen, in denen die Beziehungen der drei Personen (Gleichheit, Unterordnung, Nebeneinander, Ineinander) gedacht werden (und dann eben die bloße Beziehung — Relation — für die leichteste, unbeschwerteste, also für die der Sache angemessene Kategorie halten). Es hilft alles nichts: keine Vorstellungs- und Denkweise hat einen Vorzug, manche haben eine eigentümliche Sprachkraft, alles in allem handelt es sich um Kombination und Permutation der Begriffe und Gleichnisse, mit denen Abendländer sich anderthalb Jahrtausende beschäftigt haben, um, in der Form eines denkenden Erkennens, die Meditation des Geheimnisses zu vollziehen, oder um sich wild mit der rabies theologorum zu bekämpfen. Augustin ist eine Fundgrube aller Möglichkeiten. Es ist ein historisch denkwürdiges Phänomen: diese wie eine große Musik gehörten Weisen formalen Transzendierens, die in dem Gehalt des ganzen Seins wieder zu erklingen scheinen. Alle Kategorien, alle sachlichen und sinnlichen Erscheinungen dienen als Material. Die Aufgabe war gestellt, von Augustin zum erstenmal gehört und dann immer von neuem abgewandelt: das Orchester der Gedanken zum einheitlichen Spiel zu bringen, aus all den verschiedenen Instrumenten es im durchsichtigen Aufbau eines Werkes zum Einklang zu bringen, die eine Melodie in unerschöpflichen Abwandlungen zu spielen, darin die logische Dramatik (bis zu den Geisteskämpfen um die Mittel und Grundmotive dieses Spiels) zu finden und dann wieder die Höhepunkte der Ruhe in stillen, vollendenden Sätzen zu haben.

Augustin vergißt nicht, was er eindringlich und immer wieder ausspricht: daß Gott unausdenkbar, unaussprechbar, der Eine ist, daß kein denkendes Vorstellen Gottes ihn erreicht, vielmehr jedes auch falsch ist. Das trinitarische Mysterium der Gottheit ist allein durch Offenbarung kund. »Wer begreift die allmächtige Dreieinigkeit? Und wer spricht nicht von ihr, wenn er sie dennoch zu begreifen vermeint?«

Alles Denken und Reden ist vergeblich, aber es ist unumgänglich. Daher sagt Augustin am Schlusse seines großen Werkes (De trinitate) über dieses: »Ich habe mit der Vernunft zu schauen verlangt, was ich glaubte (desideravi, intellectu videre, quod credidi)... Es waren nicht viele Worte, weil es nur die notwendigen waren. Befreie mich, o Gott, von der Vielrederei (a multiloquio)... Ich schweige ja nicht in meinen Gedanken, selbst wenn ich mit dem Munde schweige... Aber zahlreich sind meine Gedanken, die wie die Menschengedanken eitel sind... Gewähre mir, daß ich ihnen nicht zustimme, daß ich sie, auch wenn sie mein Ergötzen erregen, dennoch mißbillige.« Die in der Zeitlichkeit unüberwindbare Spannung, die Augustin in seinem Gottesdenken erfährt, kommt hier an ausgezeichneter Stelle zum Ausdruck: das Erkennenwollen, die Leidenschaft des Denkens und das Bewußtsein der Nichtigkeit solchen Tuns. Die autoritative Entschiedenheit seines Behauptens darf man augustinisch einschränken durch sein Sichzurückholen aus allen Gedanken zu Gott selbst. Man könnte meinen, daß Augustin spüre, wie sehr es ein Antasten Gottes, eine Zudringlichkeit sei, ihn und gar sein Inneres mit menschlichen Vorstellungen fassen zu wollen. Aber dem widerspricht die ungezügelte Lust, in der Breite aller möglichen Gedanken und Vorstellungen hinzudringen, wohin kein Mensch denkend gelangen kann, wenn auch nicht selten in der fragenden und der preisenden Haltung, in der stets ein leises Zurücknehmen anklingt.

4. Philosophische Gedanken in der offenbarungsgläubigen Klärung

In der Klärung des Offenbarungsglaubens entspringen philosophische Gedanken. Wenn Augustin das Philosophieren vom Denken des Offenbarungsglaubens nicht trennt, so ist die Frage, ob der Natur der Sache nach eine Trennung möglich ist, das heißt, ob Wahrheit der Gedanken auch dann bleiben kann, wenn der Christusglaube erloschen ist.

A. Freiheit

Die Selbstreflexion: Augustins ständige Gewissensprüfung erkennt Ansätze und Gefühle und Tendenzen, welche seinem bewußt Gewollten widerstreiten. So erkennt er die Selbsttäuschungen, z. B. in seiner Bitte an Gott um ein Zeichen, um seinen Aufschub dessen zu rechtfertigen, was sogleich geschehen sollte; oder in der Lust der Neugier, die sich als Wissenwollen ausgibt. Er erkennt die fleischlichen Ergötzungen der Sinne beim Singen des Psalters, die mehr die Ohren beglücken als daß der Inhalt wirkt. Beim Essen, das notwendig ist, meint er gegen die Begier kämpfen zu müssen, die sich damit verknüpft. Den Beischlaf kann er unterlassen, aber nicht die sexuellen Träume. Er tut etwas, was recht ist, zwar gern, aber auch damit die Menschen ihn lieben. Hinter allem steckt noch ein Anderes. Das menschliche Leben auf Erden ist ohne Unterbrechung die Versuchung durch Sinne, durch Neugier, durch Hoffart (den Trieb, gefürchtet und geliebt zu werden). Und wir merken es nicht. Noch genauer will er sich fragen: »Warum werde ich weniger erregt, wenn jemand anderes unrecht getadelt wird, als wenn ich getadelt werde? Warum werde ich von dem Schimpfe, der mich trifft, mehr gequält als von demselben, wenn er einen anderen mit derselben Unbilligkeit in meiner Gegenwart trifft? Weiß ich auch das nicht? Ist auch das noch übrig, daß ich mich selbst verführe?« Augustin beginnt die entlarvende Psychologie und merkt, daß er an kein Ende kommt. Daher ruft er Gott an: »Sehr fürchte ich meine verborgenen Fehler, welche deine Augen kennen, die meinigen aber nicht.«

Ich kann mich selbst nicht kennen und durchschauen. Wo immer ich mich durchforsche, stoße ich auf das nicht Begreifliche. So war es schon beim Gedächtnis: ich fasse nicht das, was ich bin; der Geist ist zu eng, um mich selbst zu fassen. So ist es auch im Durchschauen dessen, was in mir vorgeht: »Wenn auch kein Mensch weiß, was im Menschen zugeht, als nur der Geist des Menschen, der in ihm selbst ist (Kor. 4. 3), so gibt es doch etwas im Menschen, was selbst der Geist nicht weiß, der in ihm selbst ist; du aber, o Herr, kennst ihn ganz genau, denn du hast ihn geschaffen.«

Spaltung des Wollens vom Entschluß: Die erregendste Selbstbeobachtung enthüllt ihm, daß der Wille nicht eindeutig will. Der Wille war ihm die Mitte der Existenz, war ihm das Leben selbst. »Wenn ich etwas wollte oder nicht wollte, dann war ich ganz sicher, daß nicht ein anderer als ich es wollte oder nicht wollte.« Und gerade hier im Mittelpunkt seines Wesens erfuhr er das Erschreckende (er schildert es als den Zustand vor seiner Bekehrung):

Er wollte und er konnte sich doch nicht entschließen: »Ich tat das nicht, was mir in unvergleichlich höherem Grade zusagte und was ich gekonnt hätte, sowie ich nur wollte. Hier war Können und Wollen eins, das Wollen selbst schon Tun und doch geschah es nicht. Leichter gehorchte der Körper dem leisesten Willen der Seele als die Seele sich selbst.«

»Woher und warum dieser ungeheuerliche Sachverhalt? Der Geist befiehlt dem Körper und findet sogleich Gehorsam, der Geist befiehlt sich selbst und stößt auf Widerstand.« Warum? »Er will nicht ganz, deshalb befiehlt er auch nicht ganz ... Wenn er ungeteilt wäre, so brauchte er nicht erst zu befehlen ... Zum Teil wollen und zum Teil nicht wollen, ist aber kein ungeheuerlicher Sachverhalt, sondern eine Krankheit der Seele.« Sie wird nicht von der Wahrheit emporgezogen, sondern von der Gewohnheit herabgezogen. »Deshalb gibt es zwei Willen.« Nicht zwei Mächte, eine gute und böse, beherrschten ihn, vielmehr: »Ich war es, der wollte, ich, der nicht wollte ... Denn weder mein Wollen noch mein Nichtwollen war ganz und ungeteilt. Daher war ich uneins mit mir.« »Ich sagte in meinem Innern zu mir: bald wird es werden, bald, und mit dem Worte stand ich schon an der Schwelle des Entschlusses. Schon war ich daran, es zu tun, und tat es doch nicht; aber ich glitt auch nicht auf meinen früheren Standpunkt zurück, sondern blieb stehen und schöpfte Atem.« »Je näher der Zeitpunkt kam, da ich ein anderer werden sollte, desto größere Schrecken jagte er mir ein. Dieser hielt mich in der Schwebe ... Torheit und Eitelkeit, meine alten Freundinnen, flüsterten mir zu: du willst uns verlassen? Und. von diesem Augenblick wirst du dies und das in Ewigkeit nicht mehr tun dürfen!«

Die Umkehr, der Sprung, erfolgte plötzlich. Mit einem Schlage war die Entzweiung zu Ende. Es »strömte das Licht der Sicherheit in mein Herz ein«. Gott hat ihm geholfen.

Augustin hat zum erstenmal den Kampf des Willens mit sich selbst rückhaltlos gezeigt, das Zögern, die Entschlußlosigkeit, die Bedeutung des Entschlusses, der auf das Ganze des Lebens geht, unwiderruflich ist. Er zeigte an sich selbst den Menschen in seiner Schwäche. Ihn bekümmerte nicht das Unvornehme, das Würdelose. Er deckte es auf als zu unserem Menschsein gehörig. Und dann zeigt er die Unbegreiflichkeit der Gewißheit, diese Sicherheit des Wollens, das nun gar nicht anders kann. Der Wille wird Notwendigkeit. Daß er will, bedeutet das Erlöschen allen Zögerns, aller Unsicherheit, allen Zweifelns, aber

43

auch aller Gewaltsamkeit des bloßen Sichzwingens. Dieser Wille ist die Ruhe im Gewähltḥaben, die nicht mehr wählt, sondern muß. Der freie Wille kann nicht anders und ist dadurch frei. Solange er unfrei ist, will er nicht eigentlich und kann noch auch anders wollen.

Was ist die Freiheit des Willens, der kann? Woher kommt sie? Was geschieht in dem Entschluß, der volle Gewißheit und unwiderrufliche Sicherheit des Wollens bringt?

Angewiesensein und Entscheidungsnotwendigkeit: Die Endlichkeit unseres Daseins hält uns in Abhängigkeit von der Umwelt, vom Zufall der Begegnungen, von den Chancen und Grenzen der Situationen. Wir sind überall angewiesen auf anderes. Wir sind in der Situation, entscheiden zu müssen (ob wir nun so oder so handeln, ob wir handeln oder nicht handeln) und durch unsere Entscheidung für diese verantwortlich zu sein.

Die Gewißheit in der Bekehrung macht Augustin in zwei Weisen der Entscheidung deutlich (H. Barth). Wenn ich eine Vielzahl von Möglichkeiten zur Prüfung und Wahl vor mir habe, so sind Wollen und Können nicht dasselbe. Ich entscheide und verwirkliche, soweit meine Verfügung reicht, über je Besonderes und Einzelnes, anders, wenn die Entscheidung auf mein Wesen selber im ganzen geht. Dann werden Wollen und Können dasselbe, aber dieses Wollen kommt mir unbegreiflich zu. Ich kann es nicht als Wollen wollen, sondern will aus ihm. Meiner Entscheidung schaue ich nicht zu. Ich verfüge nicht über ihre Verwirklichung. Mich entscheidend bin ich schon entschieden. In dieser Entscheidung habe ich nicht mich in der Hand. Ich bin darauf angewiesen, daß Gott mich mir schenkt.

Wenn ich mir nun aber so meines Wesens im ganzen bewußt wurde, wenn ich, dann meine Freiheit preisgebend, mich selber als ein ewiges Sosein und Nichtanderssseinkönnen auffasse und vor mir verzweifelnd erschrecke, so antwortet Augustin: das Verdorbensein durch die Erbsünde ist angewiesen auf die Gnade der Erlösung und gewinnt die Hoffnung im Glauben.

Herkunft der Freiheit: In der Freiheit unseres Handelns ist die Grunderfahrung: Ich will, aber ich kann nicht mein Wollen wollen. Ich muß ursprünglich erfahren, woraus ich will, ich kann diesen Ursprung nicht hervorbringen, nicht das Mich-entschließen-Können. Ich liebe, aber wenn ich nicht liebe, kann ich keine Liebe in mir schaffen. Ich bin ich selbst, aber ich kann mir ausbleiben. Ich muß mir vertrauen, kann mich aber nicht auf mich verlassen. Glückliches Temperament, freundliche Charakteranlagen und andere Naturgegebenheiten sind kein fester Boden. Daher bin ich in meinem Willen, meiner Freiheit, meiner Liebe nicht schlechthin frei. Ich werde mir geschenkt, und als mir geschenkt kann ich frei sein und ich selbst werden. Ich habe mich nicht selbst hervorgebracht darin, daß ich mich hervorbringe. Nicht nur die äußeren Bedingungen meines Daseins, sondern auch mich selbst verdanke ich nicht mir selbst. Daher Augustins Satz: Was hast du, das du nicht empfangen hättest (quid habes, quod non accepisti)?

Es bleibt die Paradoxie: Gott ist es, der im Menschen die Freiheit hervorbringt, den Menschen nicht der Natur überläßt. Gott läßt aber damit die Möglichkeit einer Aktivität des Menschen gegen ihn, gegen Gott selbst zu. Gott läßt den Menschen frei; wenn dieser sich aber gegen Gott gewandt hat, so ermöglicht ihm erst Gottes Hilfe und Gnade, daß er mit seinen eigenen Handlungen doch zum Guten komme.

In der Freiheit zum Guten bin ich Gottes Werk. Meine Freiheit ist geschenkte Freiheit, nicht eigene. Ich kann mich meiner Freiheit nicht rühmen. Es ist Hochmut (superbia), wenn ich mir selbst verdanken will, was ich Gott verdanke. Gehörig ist die Demut (humilitas) in der Freiheit selbst. Wenn ich mir zuschreibe, was von Gott kommt, werde ich in meine eigene Finsternis zurückgeworfen. Hochmut ist es, wenn ich an mir selber als meinem Werk meine Freude habe. Demut ist die Stimmung, die die Wahrheit aller guten Handlungen bedingt.

Unmöglichkeit des Bewußtseins guten Handelns: Augustin kennt die unauslöschliche, weil in unserer Endlichkeit unumgängliche Verkehrung der Selbstzufriedenheit: Um gut zu handeln, muß ich das Gute sehen und mein Handeln als gut erkennen. Indem ich aber dieses Bewußtsein habe, vollziehe ich schon den Ansatz des Stolzes. Ohne Wissen werde ich nicht gut, mit Wissen bleibe ich es nicht rein. Und die Demut selber, ihrer bewußt, ist nicht mehr demütig, sondern wird sogleich zum Stolz der Demut.

Grund dessen ist die Selbstliebe des Menschen. Er gelangt nicht aus ihr heraus, es sei denn unbegreiflich durch die Hilfe Gottes, die ihn demütig werden läßt, ohne in das gewußte Demütigsein zu verfallen, die ihn das Gute tun läßt, ohne ihn stolz werden zu lassen, die ihn in der höchsten Freiheit sein Sichgeschenktsein von Gott erfahren läßt. Die Hilfe Gottes läßt ihn mit der Vollendung der Freiheit durch diese selber zu Gott gelangen.

Die großen Grundgedanken des Menschseins sind universellen Charakters. Das wäre in einer historisch-systematischen (problemgeschichtlichen) Darstellung der Grundfragen und Antworten der Philosophie zu zeigen. Hier sei für die eben berichtete sublime ethische Haltung auf eine Analogie hingewiesen. Tschuang-tse: »Keine schlimmeren Räuber als Tugend mit Bewußtheit... wer sich selbst betrachtet, ist verloren«... »Das Schlimmste ist, von sich selbst nicht loskommen« ... »Vom großen Tao wird nicht gesprochen... Große Güte brüstet sich nicht als Güte ... Das Tao, welches glänzt, ist nicht Tao.«

Gegen die Stoiker: Augustin kennt ihre Lehre:

Der Mensch ist in seiner Freiheit unabhängig, unter der Voraussetzung, daß er sich begnügt mit dem, worüber er Herr ist. Herr ist er nur über sich selbst und seine Vorstellungen und seine Entschlüsse. Daher geht ihn nur dies und nichts anderes eigentlich an. Er beschränkt sich auf sich selbst, ist sich selbst genug (Autarkie). Dabei zweifelt der Stoiker nicht, daß wir in der Tat Herr sind unserer Vorstellungen. Er meint dieses Herrseins in der Lenkung unserer Aufmerksamkeit, in der Verwirklichung unserer Vorsätze gewiß zu sein. Unsere Freiheit hat keinen Grund, sondern sie ist Grund. Sie ist identisch mit der Vernunft. Der Gegensatz zur Freiheit ist Zwang von außen. Ich kann daher um so freier sein, je mehr ich mich unabhängig von äußeren Dingen mache, je weniger Bedürfnisse ich habe, so daß ich auf möglichst wenig angewiesen bin. Frei bleibe ich, wenn ich in der Natürlichkeit der Anpassung an die äußeren Dinge lebe. Wenn dann aber trotz meiner Bedürfnislosigkeit der Zwang von außen – unumgänglich im Dasein – mich doch trifft, so brauche ich in meinem Inneren mich selbst nicht zu fügen. Unfrei werde ich nur, wenn ich mich dadurch erregen lasse. Daher ist Freiheit die unberührbare Seelenruhe (Apathie). Durch sie bleibe ich frei auch noch unter dem gewaltsamsten Zwang von außen, noch als Sklave unter der Folter, noch in der qualvollsten Krankheit. Und im äußersten Fall habe ich die Freiheit, mir das Leben zu nehmen.

In dieser stoischen Haltung sieht Augustin nichts als Selbsttäuschung. Keine Gemütsbewegung haben, sich nichts angehen lassen, das wäre der Tod der Seele. Aber diese Unbetroffenheit in Schmerz und Zwang und Folter ist zudem bloße Einbildung. Der Mensch kann sich nur vorlügen, daß er sie verwirkliche. Vor allem aber: in der Freiheit meines Entschlusses selber bin ich nicht frei durch mich selbst.

Gegen die Pelagianer: In diesem letzten Punkt stellte sich Augustin gegen Pelagius.

Für Pelagius ist der Mensch, als frei geschaffen, nun nach Gottes Willen unabhängig von Gott. Der Mensch hat die Freiheit der Entscheidung (libertas arbitrii). Er hat die Möglichkeit, zu sündigen oder nicht zu sündigen. Auch wenn er schon zum Sündigen sich entschlossen hat, bleibt die Möglichkeit der Umkehr und damit Freiheit bestehen. Wenn er will, kann er jederzeit noch den Geboten Gottes, dem Guten folgen, kann nach dem schlimmsten Leben jederzeit gleichsam von vorn anfangen.

Augustin dagegen sieht die Entscheidung im Entschluß des freien Menschen so: der Mensch kann von sich aus das Böse tun, nicht das Gute. »Das Gute an mir ist dein Werk und deine Gabe, das Böse an mir meine Schuld und dein Gericht.« Der Wille ist frei im Tun des Bösen (wenn auch nicht eigentlich frei, sondern frei zum Nichtseinkönnen), im Tun des Guten bedarf er Gottes. Es ist Augustins überwältigende Grunderfahrung in der Gewißheit der Bekehrung als Wesensverwandlung: »Du hast aus meines Herzens Grunde den Schlamm des Verderbens herausgeschöpft. Dies ist nichts anderes als: nicht mehr wollen, was ich will, und wollen, was du willst. Aber wo war denn in so langen Jahren mein freier Wille, und aus welcher tiefen und geheimnisvollen Verborgenheit wurde er jetzt in einem Augenblicke vorgezogen?«

Dogmatische Formulierungen: Daß Gottes Wille in seiner Unbegreiflichkeit gedacht wird als der alles umgreifende, auch die Freiheit des Menschen noch allmächtig bestimmende, erzwingt das Dogma von der *Prädestinaton* jedes einzelnen Menschen: zum Stand der Freiheit in der Gnade oder zum Stand der Unfreiheit im Bösen. Der Mensch selber vermag nicht zu ändern, wozu er bestimmt ist. Wie er sich selbst nicht geschaffen hat, so auch nicht seine Freiheit. Er ist in der Freiheit total abhängig von Gottes Willen, in seinem Wesen durch ihn vorherbestimmt.

In der Sprache der in Unterscheidungen und Komplizierungen reich entfalteten Dogmatik begegnen und bekämpfen sich Grundverfassungen der Frömmigkeit. Wir haben ihnen nicht nachzugehen. Wie aber der objektivierende Entwurf der Heilsgeschichte und der stets gegenwärtige Prozeß in der Seele des einzelnen Menschen sich gegenseitig spiegeln, sei kurz angedeutet.

Der *faktische Zustand des Menschseins*, der sich in dem dogmatisch in Begriffen ausgefeilten Mythus spiegelt, ist der, daß jeder Mensch ist, was er ist, durch geschichtliche Herkunft, durch biologische Artung, durch die Situationen, in denen er sich findet und in die er gerät. Er ist abhängig von den Werkzeugen, die ihm mitgegeben sind, von Gedächtnis und Denkumfang, von der Konstitution seines Temperaments, der Kraft seines Leibes. Er ist abhängig von dem, was ihm begegnet, dessen Erscheinen nicht in seiner Macht liegt, von den Menschen, die er leibhaftig sieht und spricht, von den Wirklichkeiten, die er wahrnimmt.

Dieser Zustand *allseitigen Angewiesenseins* ist aber zugleich so, daß der Mensch das Begegnende, die Gelegenheit, die Wirklichkeit sehen muß, darauf zu reagieren. Alles, worauf er angewiesen ist, ist zugleich eine Chance, die er ergreifen oder versäumen kann, ein Ruf, den er erfährt oder nicht, eine Sprache, die er vernimmt oder die ihm entgeht. Was ich bin und tue, ist ein Antworten. Die Sprache bleibt für mich stumm, wenn ich an das bloß Tatsächliche, an das Vitale, an die Lust und das Leid, an das Vergessen, an das Leben in bloßer Momentanheit ohne Horizont und ohne Umgreifendes verfalle. Die Sprache wird vernehmbar, und meine Antwort wird möglich, wenn in den Endlichkeiten der Zeit etwas spricht, das bei Augustin Gott heißt.

Der *dogmatisch ausgearbeitete Mythus* nun ist dieser: die Erbsünde — der verdorbene Zustand des Menschen mit seinem Tode — ist Folge von Adams Fall. Was durch Adam verdorben ist, wird durch Christus wiederhergestellt. Durch ihn folgt nach der ersten Geburt die Wiedergeburt. Es folgen also in der Zeit einander Urstand, Fall und Erbsünde, Erlösung. Der Zustand der Erbsünde gehört zur Welt, die Erlösung zum Jenseits. Während aber die Menschen noch in der Welt sind, wird die Erbsünde, während ihre Folgen noch fortbestehen, für den Glaubenden zugleich schon in der Hoffnung auf das Jenseits aufgehoben. In diesen mythisch-dogmatischen Vorstellungen spiegelt sich die Antinomie von Angewiesensein und Freiheit unseres gegenwärtigen zeitlichen Daseins. Während umgekehrt dieses Dasein in seinem Sosein begriffen wird aus einer übersinnlichen Geschichte. Das sieht näher so aus:

Es folgen sich nach dem Sündenfall: *Erstens:* das *Gesetz*, das Gott aufstellt (die Zehn Gebote); der Mensch versucht, es zu erfüllen und macht die Erfahrung, es nicht zu können. Sein Ungenügen bringt ihn zur Einsicht in seinen Sündenzustand und in Verzweiflung. *Zweitens:* der *Glaube an Christus*, den Gott zur Erlösung sendet; der Mensch verzichtet auf seinen eigenen Willen im Glauben, erfährt das Eindringen der Gnade in seinen Sündenzustand. *Drittens:* die *Liebe* (caritas), durch die dem Menschen, dessen Glauben sie geschenkt wird, die eigentliche Heilung von der Sünde zuteil wird. *Viertens:* die *Erfüllung der Gebote* nicht mehr als vergebliche Erfüllung eines gesetzlichen Sollens, sondern als Folge der Liebe; jetzt ist der freie Wille da, der, weil er liebt, das Recht ganz und gar tut, aber in dem Bewußtsein, sich nicht selbst zu erwirken, sondern von Gott erwirkt zu erfahren. — Dieses Nacheinander in der Folge der Zeiten ist zugleich ein Ineinander der je gegenwärtigen Seele. Denn diese vollzieht in der Zeit immer wieder die ganze Folge von der Verzweiflung bis zur Gnade in der Liebe. Die dogmatischen Formulierungen geraten zwar stets in das nur Objektive. Wir wundern uns über die Leidenschaft, die die Kämpfenden mit bestimmten einzelnen Sätzen verbinden. Der Sinn der Formulierungen, die als solche, zumal in ihrer stets bleibenden Widersprüchlichkeit, den Charakter von Chiffern haben, ist aber das Aussprechen dessen, was als innerer Vorgang nur in diesen Objektivierungen aussprechbar wird und durch solche Sprache selber erst zur Verwirklichung kommt.

Der Augustinische Prozeß läßt sich in eine einzige Antithese fassen. Die *Welt der Unfreiheit* des Willens ist das Sollen, dem der Wille nicht folgt, ist das Wollen, das nicht vollbringt, sind die guten Vorsätze, die vor der Leidenschaft dahinschwinden, ist das Wollen, das nicht wollen kann, ist das Hören der Forderung , die zwar sagt: du kannst, denn du sollst, aber die Schwäche des Nichtkönnens ist, die sich doch als Nichtkönnen nicht anerkennen kann. — Die *Welt der Freiheit* des Willens tut sich auf, wenn die Liebe keines Sollens mehr bedarf, vielmehr vollbringt, ohne sich gute Vorsätze zu machen, durch ihre Wirklichkeit die Leidenschaften sich auflösen läßt. Diese Wirklichkeit kann, was sie will, weil ihr liebender Wille selbst das Können ist.

Aber der Mensch hat nicht die Wahl zwischen beiden Welten, sondern in der Zeitlichkeit sind beide in ihm, aber so, daß die eine seinem absichtlichen Planen, die andere seinem Sichgeschenktwerden entspricht.

Kontrastierung zu anderen Gestalten der Freiheit: In der Geschichte begegnen uns andere Weisen des Freiheitsbewußtseins und dem entsprechend andere Weisen der Persönlichkeit. Wir sehen Augustin deutlicher, wenn wir an sie erinnern.

Es gab die *nördlichen Persönlichkeiten*, die sich auf die *eigene Kraft* verließen, stolz und unerschütterlich in den Tod gingen, durch ihr Sterbenkönnen sich bewiesen, was sie waren, und an Nachruhm dachten. Sie lebten in persönlicher Treue, kannten Götter, aber vermochten ihnen zu trotzen, und sahen den Untergang der Welt samt der Götterwelt voraus.

Es gab die *jüdischen Propheten*, die sich als *Werkzeug Gottes* wußten. Sie erlitten es, sein Wort verkünden zu müssen. Sie nahmen es auf sich und blieben unerschütterlich. Sie ließen sich innerlich nicht überwinden durch Mächte der Welt, weder durch die eigenen Könige, noch durch die Priester, noch durch die Weltreiche, die die kleinen Völker ausnehmen wie Vogelnester. Nur Gott und das Bewußtsein, Gott zu gehorchen, machte sie frei gegen alles, was in der Welt vorkam, auch gegen die priesterliche, sich eigenmächtig auf Gott berufende Hierarchie (der historischen Vorbildung der katholischen Kirche). Darin gründete die menschliche Persönlichkeit des Abendlandes, die sich im Wahrnehmen dieser Propheten immer wieder ihre Kraft holte.

Es gab die herrliche Fülle der *griechischen Persönlichkeiten*, unter der *Idee des Maßes;* alle natürlichen Möglichkeiten des Menschen wurden in schönen und auch in maßlosen, erschreckenden Gestalten verwirklicht.

Es gab die *römische Persönlichkeit*, die ihre Unerschütterlichkeit aus der Hingabe an die res publica gewann, im *Opfer ihres Eigenen* sich bewährte, zweckhaft und fromm dachte zuerst in der Ordnung des eigenen Volkes und dann sich verwandelte in das Bewußtsein der Weltsendung des Ewigen Rom als des Friedens und Heils aller Menschen in der imperialen Ordnung. Die römische Persönlichkeit des großen Willens war in der Armut an menschlichen Entfaltungen von gewaltiger Kraft.

Die *spätantike Persönlichkeit*, am eindrucksvollsten in Plotin, fühlte sich als *Glied des Kosmos,* wie fast alles griechische Denken. Noch wenn Plotin den einen Drang hatte zur Einung mit dem Einen, und wenn er damit die Welt überschreiten wollte, so war dies doch nur eine Rückkehr in den Weltgrund. Die Seele kehrt heim, gibt sich in ihrer Weltlichkeit auf, erweitert sich ins Unendliche und verschwimmt durch die einander übergeordneten Sphären zum Ursprung hin. Die Persönlichkeit geht auf in der Verwirklichung der spekulativen Mystik.

Man kann auf diese historischen Erscheinungen hinweisen, um darin Momente der Freiheit in der Persönlichkeit Augustins zu finden (mit Ausnahme der nördlichen und der griechischen Persönlichkeit). Aber allen gegenüber ist bei Augustin das entscheidend Andere. Erst Augustin hat den Gedanken der Freiheit, die nun Schönheit und Eigenständigkeit und Tragik verliert, in eine vorher nicht erfahrene Tiefe geführt, allerdings mit uneinheitlichen, sich überkreuzenden und widersprechenden Gedanken, einmal in ergreifenden Darstellungen, dann in schematischen Abstraktionen.

Dieses Neue erwächst dem biblischen Glauben, gründet sich in Paulus, aber es war keineswegs bei den früheren Kirchenvätern, gar nicht bei Origenes da. Es mag ein Moment des prophetischen Bewußtseins darin sein; aber die Propheten dienten unmittelbar Gott, Augustin Gott auf dem Wege über den Glauben an die Kirche. Es mag ein Moment von römischem Willen und Opfermut für das Ganze der Öffentlichkeit bei Augustin sein, aber der Römer diente der res publica und dem Imperium, Augustin dem Gottesreich der Kirche. Es mag vor allem ein Moment Plotinischen Weltüberwindens in die reine Spiritualität durch Augustin übernommen sein. Aber der Unterschied ist gewaltig: Augustin drängt nicht in das gestaltlose Eine, sondern in den Bezug des Menschen zu Gott, als das Ich zum Du. Dieses philosophisch nie als Wirklichkeit erreichbare Grundverhältnis ist bei Augustin aber von philosophischer Wirkung: der Mensch ist radikaler, als es je in dem kosmischen Denken möglich gewesen wäre, aus der Welt herausgerissen, steht nun unmittelbar zu Gott. Die Welt ist nur seine Stätte, seine Weltverwirklichung die Bestimmung von Gott her. Der antike Philosoph bewährte sich in dieser Welt, zwar sich der Welt gegenüberstellend, in der er standhielt als Stoiker, sich aufgab im Grunde des Plotin, aber selber einsam, nur Ich und hingegebenes Ich. Augustin dagegen steht der Welt radikaler gegenüber und ihr grundsätzlich fern, weil er mit Gott ihr gegenübersteht in der Gemeinschaft der Geister. Er verschwindet nicht als Persönlichkeit im Einen, sondern ist Gott gegenüber, zu Gott drängend, selber Persönlichkeit. Er denkt sich als Persönlichkeit unsterblich in der Ewigkeit. Wenn das, wie ich Gott erfahre, das Maß des eigenen Wesens ist, dann muß das spekulativ gedachte und mystisch unbestimmte Eine einen ganz anderen Menschen zur Folge haben als der geglaubte persönliche Gott. Das wundersam leuchtende Unbestimmte im Selbstsein Plotins ist historisch gekennzeichnet durch das Verschwinden des Menschen Plotin vor unserem Blick. Er wollte sich nicht zeigen, er sprach nie von sich selbst. Anderthalb Jahrhunderte nach Plotin steht Augustin dagegen leibhaftig vor uns. Die Persönlichkeit ist da, die sich bis in die häßlichsten Winkel ihrer Seele zu zeigen wagt, um damit den Glaubensgenossen auf den Weg zu Gott zu helfen. Mit ihm wird das Sich-selbst-Denken selber zur metaphysischen Tiefe.

Allen Philosophen vor Augustin bleibt außer Sicht die Fraglichkeit der Freiheit und die Frage nach dem Grund ihrer Möglichkeit und nach ihrem eigentlichen Sinn. Augustin aber denkt sie mit fortwirkender Überzeugungskraft vermöge der Aneignung des Paulus.

B. Liebe

Die *Universalität der Liebe:* Augustin sieht im menschlichen Leben nichts, worin nicht Liebe ist. Der Mensch ist in allem, was er ist, zuletzt Wille, und das Innerste des Willens ist die Liebe. Liebe ist Streben zu etwas, das man nicht hat (appetitus). Wie das Gewicht die Körper bewegt, so die Liebe die Seelen. Sie sind nichts anderes als Willenskräfte (nihil aliud quam voluntates sunt). Liebe ist Begierde (cupiditas), wo sie nach dem Besitz des Geliebten drängt; sie ist Freude (laetitia), wo sie es besitzt; sie ist Furcht (metus), wo sie den Besitz bedroht sieht und wo sie das Widrige flieht; sie ist Trauer (tristitia), wo sie den eingetroffenen Verlust empfindet. Die Liebe geht allumgreifend auf Sachen und Personen, auf gedachte Dinge und leibhaftige Wirklichkeiten, auf alles, was für uns erst darum ist, weil es uns nicht gleichgültig ist.

Was im Menschen wirkt, tut die Liebe, auch das Schlechte. »Schändlichkeiten, Ehebrüche, Verbrechen, Morde, alle Ausschweifungen, wirkt sie nicht die Liebe?« Es gibt nicht den Ausweg, nichts mehr zu lieben. Denn das hieße »träge, tot, verächtlich, elend sein«. Es gilt nicht, die gefährliche Liebe zum Erlöschen zu bringen, sondern die Forderung: Reinige deine Liebe; lenke das »Wasser, das in die Kloake fließt, zum Garten hin«. »Liebet, aber sehet zu, was ihr liebet.« »Liebt, was liebenswert ist.«

Die *wahre Liebe:* Liebenswert ist das, worüber hinaus wir nichts Besseres finden. Das ist Gott. Alle rechte Liebe ist Gottesliebe. Und zu Gott gelangen wir nur durch Liebe.

Die Gottesliebe aber ist unerschöpflich, unbestimmbar, allbegründend, allumfassend. »Was liebe ich, wenn ich dich (Gott) liebe? Nicht Körpergestalt, noch zeitliche Anmut, nicht den Glanz des Lichts, noch die süßen Melodien, nicht der Blumen und wohlriechenden Gewürze lieblichen Duft, nicht Glieder, denen des Fleisches Umarmungen angenehm sind. Nicht Liebe ist dies, wenn ich meinen Gott liebe. Und doch liebe ich ein gewisses Licht, eine gewisse Stimme, einen gewissen Geruch, eine gewisse Umarmung, wenn ich meinen Gott liebe, nämlich das Licht, die Stimme, den Geruch, die Umarmung meines inneren Menschen. Wo meiner Seele leuchtet, was kein Raum faßt, wo erklingt, was keine Zeit raubt, wo duftet, was der Wind nicht verweht, und wo vereint bleibt, was kein Überdruß trennt. Das ist es, was ich liebe, wenn ich meinen Gott liebe.«

Will ich bestimmen, was in der Gottesliebe geliebt wird, so: das schlechthin Unvergängliche, Unwandelbare, — das Leben, das nicht stirbt, — das Gute, das nicht für ein anderes, sondern an sich selbst geliebt werden kann und soll, — das, in dessen Besitz jede Furcht, es verlieren zu können, aufhört, — daher die Trauer eines Verlustes ausbleibt und die Freude des Besitzes unstörbar ist.

Aber das alles ist negativ gesagt. Das höchste Gut selber wird nicht ausgesprochen, sondern als das, dem die Angst, die Sorge, die Ungewißheit, das Verlieren und Sterben in der Welt fern ist. Alle Gefahren der Liebe in der Welt sind hinfällig geworden. Sind nun etwa doch die Inhalte unserer Liebe in der Welt geblieben, befreit von ihren Mängeln und bestätigt von anderswoher? Oder was ist, wenn sie dies nicht sind, das Positive des als Gott Geliebten?

Nur überschwenglich, in identischen Sätzen, durch kein anderes wird es ausgesprochen: Gott lieben heißt ihn umsonst (gratis) zu lieben und nicht außerhalb Gottes einen Lohn zu suchen. »Erflehe von ihm dein Heil; und er wird dein Heil sein; erflehe es nicht als ein Heil anderswoher.« Daher: »Was wäre mir alles, was du mir gäbest, außer dir! Das heißt Gott umsonst lieben: Gott von Gott erhoffen; eilen, um von Gott erfüllt, von ihm gesättigt zu werden. Denn er genügt dir; außer ihm genügt dir nichts.«

Die Gottesliebe ist einzig, in dieser Welt und ewig. Glauben und Hoffen gehören nur zu diesem Dasein in der Zeit, Liebe aber bleibt:

»Denn auch, wenn einer zum ewigen Leben gelangt ist, und wenn die beiden anderen Tugenden aufgehört haben, dann wird doch die Liebe (nämlich die Gottesliebe) noch vorhanden sein, und zwar in einem gesteigerten und gesicherten Grade.«

Die Verfassung des Menschen in wahrer Liebe: Das Wesen des Menschen liegt in seiner Liebe. «Wenn man fragt, ob einer ein guter Mensch sei, so fragt man nicht, was er glaubt oder hofft, sondern was er liebt.« »Ein guter Mensch ist nicht, wer weiß, was gut ist, — sondern wer es liebt.«

Wo Gottesliebe ist, da hat die Liebe den Gegenstand, auf den sie sich verlassen kann. Der von ihr erfüllte Mensch wird überall das Gute erblicken und das Rechte tun. Für ihn gilt: Liebe und tue, was du willst (dilige et, quod vis, fac). Denn wer Gott erblickt, wird, in der Liebe zu ihm, sich selbst so gering, daß er Gott nicht bloß dem Urteil nach, sondern in der Liebe selber dem Ich vorzieht. Hier wird es unmöglich zu sündigen. Aus jener Liebe kann der Mensch nicht abfallen zum Wohlgefallen an sich selbst.

Dies große Gut ist, wenn es einmal sichtbar wird, »mit solcher Leichtigkeit zu erreichen, daß das Wollen zugleich schon der Besitz des Gewollten ist.« Denn nichts ist für den guten Willen so leicht, als sich selbst zu haben, zu haben, was er wollte.

Die Weisen der Liebe: Wir sind in der Welt. Gott ist nicht sichtbar, sondern nur für den Glauben da. Unsere Liebe, die ihren Gegenstand gegenwärtig begehrt, ist, da sie in ihrer Mannigfaltigkeit auf Leibhaftiges in der Welt gerichtet bleibt, keineswegs reine Gottesliebe. Der Grundunterschied unseres Liebens liegt daher in der Richtung ihrer

Bewegung entweder auf Gott hin (caritas) oder zur Welt hin (cupiditas).

Der Sprachgebrauch ist nicht regelmäßig. Beide Richtungen heißen amor (appetitus), sofern der Antrieb zu dem noch nicht Erreichten gemeint ist. Caritas (auch dilectio) bedeutet immer die recht gerichtete Liebe. Cupiditas heißt immer die verkehrt gerichtete Liebe.

Caritas, die Liebe zu Gott (amor dei) liebt, was allein um seiner selbst wegen geliebt werden darf, während sie alles andere Gottes wegen liebt. *Cupiditas,* die Liebe zur Welt (amor mundi) will Zeitliches erlangen. Ohne Bezug auf Gott ist diese Liebe verkehrt, heißt libido, ist Liebe des Fleisches (carnalis cupiditas).

Die Bewegung der Liebe ist entweder auf dem Wege zum Begehrten, das ich nicht habe, oder ich bin angelangt am Ziel und im Besitz. Auf dem Wege liebe ich etwas eines anderen wegen; wo ich am Ziel bin, seiner selbst wegen. Dort auf dem Wege vermag ich etwas jenes anderen wegen zu gebrauchen (uti), hier am Ziel es seiner selbst wegen zu genießen (frui).

Da nun allein Gott seiner selbst wegen zu lieben ist, wahre Liebe nur Gottesliebe ist, so ist das *frui* nur an Gott, an allen weltlichen Dingen nur ein *uti* berechtigt. Daher ist das Wesen aller Verkehrung der Liebe: das, was zu genießen ist, gebrauchen zu wollen, und das, was zu gebrauchen ist, genießen zu wollen. Das heißt: Alle Liebe zu Menschen und Dingen in der Welt ist wahr nur, wenn sie Gottes wegen und nicht ihrer selbst wegen geliebt werden. Dagegen wäre es schlimmste Verkehrung, Gott zu gebrauchen, um Menschen und Dinge in der Welt zu genießen.

Ordnung der Liebe (ordo amoris): Wir sind in der Welt und lieben als Wesen in der Welt. Würden Gottesliebe und Weltliebe völlig getrennt, dann schlössen sie sich gegenseitig aus. Aber Weltliebe ist nur dann verwehrt, wenn in der Welt nicht uti, sondern frui stattfindet, das heißt, wenn irgendeinem Wesen, das nicht Gott ist, eine Liebe allein seiner selbst wegen zuteil wird. Dann spricht Augustin von einem Beschmutztwerden der Seele durch die Liebe zur Welt.

Es kommt also darauf an, daß Gottesliebe und Weltliebe auf rechte Weise verbunden werden, auf die Ordnung der Liebe (virtus est ordo amoris). Diese Ordnung heißt, das uti und frui nicht zu vertauschen, nämlich alles in der Welt nur im Sinne des uti zu lieben, nicht seiner selbst wegen zu genießen. Es zeigt sich jedoch, »daß Gott uns schon in der Welt Güter gibt, die ihrer selbst wegen zu erstreben sind, wie Weisheit, Freundschaft, daß andere wegen irgend etwas notwendig sind, wie Lehre, Speise, Trank. Wir können gar nicht anders: Dieses frui est cum delectatione uti. Wenn das Geliebte anwesend ist, bringt es die Freude daran notwendig mit sich. In den Retractiones nimmt Augustin ausdrücklich zurück: Er habe vom sichtbaren Körper gesagt, ihn lieben sei Gottentfremdung (alienari). Aber es sei keine Gottentfremdung, die körperlichen Gestalten zum Lobe Gottes zu lieben.

Diese Ordnung der Liebe liegt, anders ausgedrückt, darin, dem Gleichen und Ungleichen seinen rechten Platz anzuweisen. Alle Dinge in der Welt sind liebenswert: »Wie mit der Schönheit des Leibes, verhält es sich mit jeder Kreatur. Indem sie gut ist, kann sie sowohl gut als schlecht geliebt werden, gut, wenn man die Ordnung beobachtet, schlecht, wenn man die Ordnung verkehrt.« Sogar den eigenen Leib zu lieben, hat Augustin für gehörig erklärt. »Niemand haßt seinen Leib.« Etwas mehr zu lieben als den Leib, heißt noch nicht, den Leib zu hassen.

Was aber die Liebe in der Welt bedeutet, wie sie in der Erfüllung Befriedigung und doch nicht Erfüllung, weil Weiterdrängen ist, zeigt Augustin am Gleichnis des *Wanderns*. Die geliebten Wesen nehmen uns auf, wenn wir müde sind und ruhen wollen, erquicken uns, aber treiben uns weiter zu Gott, der allein bleibende Ruhe ist. Die Ruhe des Fußes beim Wandern, wenn wir ihn niedersetzen, läßt den Willen mit einer gewissen Befriedigung ausruhen und ist doch nicht das, wozu er hinstrebt. Nur wenn man den Ort der Ruhe nicht ansieht wie das Vaterland des Bürgers, sondern wie die Herberge des Wanderers, ist die Befriedigung wahr. Einkehr bei Freunden kommt der Bewegung zum Ewigen zugute.

Gottesliebe, Selbstliebe, Nächstenliebe: In der durch Gottesliebe geordneten Weltliebe haben Platz die Selbstliebe und die Nächstenliebe.

Die Selbstliebe ist recht und notwendig. Es ist unmöglich, daß, wer Gott liebt, nicht sich selbst liebt. Mehr noch: wer von Gott geliebt wird, liebt sich selbst. Sich selbst aber liebt auf rechte Weise der, der Gott mehr liebt als sich.

Die Nächstenliebe folgt nach Augustin der Selbstliebe. Denn wer ist dem Menschen näher als der Mensch? Wir stammen alle von Adam und sind verwandt durch die Herkunft. Uns alle spricht die Offenbarung durch Christus an, und wir werden eins im Glauben.

Aber die Liebe zum Nächsten ist wahre Liebe nur als caritas, nicht als cupiditas. Jene ist die Liebe von Seele zu Seele als heitere Helle der

Liebe (serenitas dilectionis), diese als Nacht und Schwindligwerden in Trieben (caligo libidinis).

Die Liebe ist in Gegenseitigkeit. Der Liebende »erglüht um so heißer, je mehr er die andere Seele von demselben Feuer ergriffen sieht«. Es gibt »keine stärkere Macht, die Liebe zu erwecken und zu mehren, als sich geliebt zu sehen, wenn einer noch nicht liebte, oder sich wiedergeliebt zu hoffen, wer zuerst liebt«. Die Liebe will je zwei verbinden. Aus dem allgemeinen Wohlwollen wird sie zur Freundschaft (amicitia): »Ich fühle meine und des Freundes Seele zu einer geworden in zwei Körpern.«

Das sind bei Augustin seltene Sätze. Durchweg richtet sich die christlich-augustinische Liebe auf den Nächsten, jeden Nächsten als Menschen. In ihr wird nicht der Mensch als dieser Einzelne geliebt. Den liebt Gott, dessen Liebe widerscheint in der Selbstliebe. Die Nächstenliebe ist Anlaß und Weg zur Gottesliebe. Sie liebt auch den Sünder, auch den Feind. »Denn du liebst in ihm nicht, was er ist, sondern das, was du willst, daß er sei« (non quod est, sed quod vis, ut sit), nämlich das Liebenswerte, das er als Gottliebender ist.

Charakteristik: In der Geschichte der Philosophie der Liebe (Plato, Dante, Bruno, Spinoza, Kierkegaard) nimmt Augustins Denken einen wesentlichen Platz ein. Er trifft wie alle Philosophie der Liebe die Quelle dessen, worauf es dem Menschen ankommt, das Unbedingte, Einschränkungslose, Übergreifende, das, wovon alles abhängt, was Fülle und Sinn hat, das, woran alles sein Maß hat.

In Augustins caritas trifft zusammen: die Vollendung eines akosmistischen Liebesgefühls, — das Haben (frui), das nicht mehr begehrt, — das handelnde Helfen. Dies alles ist unpersönlich, vertretbar in der Gemeinschaft der Menschen im corpus mysticum Christi. In der Gottesliebe liegt: die Vergewisserung der Ewigkeit, aus der und in der alles ist, — das Ja zum Sein als Sein, nicht nur Vertrauen zu ihm, sondern das Innewerden des Seins, — ein gegenstandsloses Glück.

Kritische Fragen sind: 1. Ist hier ein ursprüngliches Innewerden der Fülle Sprache geworden oder der Ausweg aus trostlosem Elend zu einer galvanisierenden Selbststeigerung? (sagt doch Augustin, daß der uns eigentümliche Friede hienieden »nicht so sehr Freude in Glückseligkeit ist als vielmehr Trost in Unseligkeit«.) — 2. Hat die in der Welt wirkliche Liebe bei Augustin die Tendenz, sich zu verwandeln in eine außerweltliche, daher in der Welt unwirkliche Liebe? Ist die in der Welt mögliche Liebe, die in geschichtlicher Gestalt quer zur Zeit die Gegenwart der Ewigkeit sein kann, versäumt zugunsten ungeschichtlich allgemeiner, unpersönlicher Liebe einer abgründigen Einsamkeit, die nur Gott kennt und doch nicht hat außer in der Kirche und der durch die Kirche garantierten Offenbarung? – 3. Beruht beides auf einem durchgehenden Zug Augustinischen Denkens, der die mögliche Erfahrung der Ewigkeit im Augenblick verwandelt zu einem Gegenstand in der Zukunft, zu einem Jenseits, zu einer erst gleichsam zukünftigen Zeit jenseits der Zeit? Ist die Struktur des Strebens nach einem Begehrten (wahr in der zeitlichen Tätigkeit auf ein zukünftiges Ziel in der Zeit hin) übertragen auf einen Bezug zur Ewigkeit, die dadurch erst für solches Vorstellen zukünftig geworden ist? Hat hier darum auch die Trennung des sittlichen Tuns von einem ihm erst folgenden Lohn oder einer folgenden Strafe einen Ursprung (gegen den philosophischen Satz, daß der Lohn des guten Handelns dieses Handeln selbst sei)? Ist damit überhaupt die Trennung von Welt und Jenseits erfolgt derart, daß es sich um zwei Realitäten handelt? Ist durch solche Trennungen die Einheit des Zeitlichen und Ewigen, diese eigentliche Geschichtlichkeit persönlicher Existenz, die mit dem biblischen Denken zum Bewußtsein gekommen ist, wesenlos geworden?

Diese Fragen sind Augustin gegenüber schwer zu entscheiden. Es kommen von ihm die Anstöße, die wir als die wahren meinen, und es geschieht ständig die Bewegung in jene Verengungen dadurch, daß, was helle Chiffer war, zur opaken Objektivität zusammensinkt. Jene Vorstellungen von Zukunft und Jenseits können zwar wahre Chiffern sein und dann ohne jene trennenden Folgen und ohne Materialisierung zur Realität bleiben, aber sie können leicht in diese geraten.

C. Weltgeschichte

Augustins Ansatz und Resultat: Weltgeschichte ist die Geschichte von Schöpfung und Urstand, von Adams Fall und der aus ihm folgenden Erbsünde im Menschengeschlecht, von der Menschwerdung Gottes und der Erlösung. Jetzt stehen wir in der unbestimmt langen Zeit bis zum Weltende, nach dem allein das Gottesreich und die Hölle bleiben werden.

Auf dem Wege ist die Geschichte als solche gleichgültig. Es handelt sich allein um das Heil jeder Seele. Nun aber sind die großen Realitäten des römischen Staates und der katholischen Kirche da. Die Heiden geben nach der Eroberung Roms durch Alarich (410) den Christen die Schuld am Unheil. Weil sie die alten Götter verlassen haben, haben diese ihrerseits Rom verlassen. Augustin unternimmt in seinem großen Werk vom »Gottesstaat« die Verteidigung. In dieser spielt eine Hauptrolle die Vergegenwärtigung der Weltgeschichte. Es sind zwei Staaten von Anbeginn, nämlich seit Kain und Abel, der weltliche Staat (civitas terrena), der auf Kain und die Sünde zurückgeht, und der Gottesstaat (civitas dei), der auf Abel und sein Gott wohlgefälliges Leben zurückgeht. Beide Staaten sind seit Christus offenbar geworden.

Alles menschliche Dasein ist zweifach. Es besteht einerseits von Adams Fall her auf Grund der natürlichen Zeugung eine Gesellschaft, in der die Menschen aufeinander angewiesen sind und seit Kain sich bekämpfen. Sie bilden Gemeinschaften, die Kriege führen. Sie ordnen das sündige Leben. Es besteht andererseits jeder Einzelne als Geschöpf Gottes, unmittelbar zu Gott. Diese Einzelnen finden sich zusammen in der Gemeinschaft des Glaubens. Sie sind einander Anlaß, in der Nachahmung das wahre gottgewollte Leben zu führen, dabei aber nicht aufeinander angewiesen, sondern nur auf Gott, das heißt auf Offenbarung und Kirche.

Der anschauliche Ausgang Augustins waren Kirche und Staat als katholische Kirche und römisches Imperium. Sein Resultat war die Vorstellung der gesamten Weltgeschichte als Kampf von Gottesstaat und Weltstaat.

Augustins Interessenbereich, Begründungs- und Deutungsweise: Alle bestimmten historischen Fragen werden bei Augustin durch Argumente aus der Offenbarung, nicht aus einer empirischen Untersuchung beantwortet: So ist die Dauer der Welt 6000 Jahre seit der Erschaffung Adams. Das wissen wir aus der Bibel. Entscheidend ist, daß Mensch und Welt nicht immer gewesen sind. Die Kürze der Zeit seit der Schöpfung macht, meint Augustin, den Ansatz nicht unglaubwürdig und ist an sich zudem gleichgültig. Denn wäre auch eine gewaltige Zahl von Jahrtausenden verflossen, sie würden doch als angebbare Zeit gegen die Ewigkeit nur sein wie ein Tropfen Wassers gegen den Ozean. — Warum die besonderen historischen Ereignisse eingetreten sind, darauf antwortet Augustin entweder, daß mit menschlichem Wissen Gottes Absicht nicht zu ergründen ist: Gott verleiht die Herrschaft dem Augustus wie dem Nero, dem Christen Konstantin und dem Apostaten Julian. Oder Augustin antwortet mit möglichen Deutungen: Konstantin hatte als christlicher Herrscher außerordentliche Erfolge, damit man sehe, daß die Verehrung der heidnischen Götter zu einer glänzenden Herrschaft nicht nötig sei. Andere christliche Herrscher blieben erfolglos, damit man das Christentum nicht als ein Mittel zur Sicherung gegen irdische Mißerfolge ansehe. Trotzdem ist es für die Menschheit das größte Glück, wenn solche, die in wahrer Frömmigkeit leben, zugleich die Kunst besitzen, Völker zu regieren. — Eine andere Deutung: Die römische Weltherrschaft war der verdiente Lohn für die Tugenden der Freiheitsliebe und Ruhmsucht, Tugenden zwar der Heiden, die kein höheres Vaterland kannten als das irdische. Dann aber war dieses Reich auch ein Beispiel für die Christen, wie sehr sie das himmlische Vaterland lieben und zu welchen Opfern für dieses sie bereit sein sollen.

Die reale politische Geschichte erscheint für menschliches Wissen durchweg als sinnlos, während der Glaube weiß, daß alles Unbegriffene durch Gottes Willen geschehen ist. Die Ereignisse des Weltstaats verdienen kein Interesse, werden aber beurteilt. Reiche sind, wenn die Gerechtigkeit fehlt, nichts anderes als große Räuberbanden; wie Räuberbanden, wenn sie stark werden, Reiche sind. »Das römische Reich ist nur gewachsen durch Ungerechtigkeit. Es wäre doch eben klein, wenn ruhige und gerechte Nachbarn durch kein Unbill zum Krieg herausgefordert hätten [Augustin macht sich also die römische Theorie der Gerechtigkeit der Kriege Roms zu eigen; die Ungerechtigkeit liegt bei den anderen] und so zum Glück für die Welt alle Reiche klein wären, einträchtiger Nachbarlichkeit sich erfreuend.«

Die Struktur der Weltgeschichte aber als die Reihenfolge der Zeitalter, in denen das Gottesreich durch diese Welt wandert, denkt Augustin am Leitfaden der Zahl der sechs Schöpfungstage: von Adam bis zur Sintflut, bis zu Abraham, bis zu David, bis zur Babylonischen Gefangenschaft, bis zu Christus, bis zum Weltende. — Wegen des Nichtwissens über den Gang der politischen Ereignisse wird Alarichs Rom-Eroberung gar nicht als endgültig angesehen. Rom hat schon viel Unheil überstanden und wird vielleicht auch dieses überdauern.

Die Gesamtanschauung beruht ihrem Sinn gemäß nirgends auf historischer Forschung, sondern allein ausdrücklich auf der Offenbarung durch die Bibel, für den modernen Leser aber auf der Spiegelung des Selbsterfahrenen in der Geschichte: der persönlichen Bekehrung und ihrer Folgen aus Glaubenserfahrung und Glaubenserkenntnis. Was im Kleinen, ist im Großen, wechselweise. Was zeitlich ausgestreckt, ist zugleich ineins gegenwärtig. Die großen christlichen Denker bezeugen die Einheit ihrer Geschichte mit der christlichen Geschichte.

Geschichtlichkeit: Dieser Glaubensinhalt macht das menschliche Dasein für das Bewußtsein zum erstenmal wesentlich geschichtlich (im

Gegensatz zum nur wiederkehrenden Naturdasein). Denn nun ist dem Menschen eine Vergangenheit verbindlich. Er ist, was er ist, durch diese Vergangenheit. Aber diese Vergangenheit ist die der Sünde, die, indem sie bezwingend zwar das Staatsleben notwendig und gültig macht, doch paradoxerweise mit diesem ganz und gar überwunden und vernichtet werden soll. Und dies durch den Gottesstaat, in dem die Einzelnen in der Glaubensgemeinschaft durch die Christusoffenbarung erst jenes andere zu überwindende geschichtliche Faktum überhaupt sehen. Weil der Einzelne als Kreatur sich auf Gott bezieht und dies nur vermöge der geschichtlichen Offenbarung in Wahrheit kann, begreift er, wie er als Mensch einerseits geschichtlich in der durch den Fall gegründeten Sündhaftigkeit stehen muß, die nach der Menschwerdung Gottes noch fortwirkt und in dem irdischen Staat zur Erscheinung kommt, und andrerseits durch den Glauben an die geschichtlich zu bestimmter Zeit geschehene Menschwerdung zum Heile gelangt. Beide Staaten sind geschichtlich gegründet, der eine im Sündenfall, der andere in der Offenbarung. Was verborgen von Anfang an war, das ist offenbar seit Christus geworden.

Die geschichtliche Doppelheit des Menschen in der Zeit hat mit den zwei Staaten zur Folge: die zwei Weisen der Liebe, hier die Gottliebe, dort die Welt- und Selbstliebe, — und die zwei Weisen der Gleichheit der Menschen: hier in ihrem gemeinsamen Glauben, dort durch ihre sündige Vergangenheit.

Charakteristik der Augustinischen Geschichtsphilosophie: Man hat in Augustin den Anfang der abendländischen Geschichtsphilosophie gesehen. Er hat in der Tat die Frage nach Ursprung und Ziel unentrinnbar gestellt. Er hat den Sinn für die übersinnlich gegründete Geschichtlichkeit unseres menschlichen Wesens erweckt. Diesen Sinn hat er in seiner besonderen christlichen Gestalt ausgesprochen: Kirche und Staat hat er in ihrem auf die Zeitlichkeit beschränkten Wesen aufgefaßt und ihren Kampf formuliert. Er hat die große Spannung allen menschlichen Daseins zwischen wahrem Glauben und falschem Unglauben in ihrer geschichtlichen Erscheinung gedeutet.

Aber Augustin hat einen konkreten Entwurf der Weltgeschichte unter Befragung der Tatsachen nicht einmal im Ansatz gewollt. Daher sind die großen philosophisch gegründeten Entwürfe der Weltgeschichte der letzten Jahrhunderte aus einem anderen Ursprung entstanden, nicht etwa als »Säkularisierung« der Aspekte Augustins zu begreifen. Ihre Grundhaltung ist, im Sinne moderner Wissenschaft das

Empirische zu erforschen und dadurch auf Tatsachen und Grenzen zu stoßen, die das philosophische Bewußtsein erregen. Die hier entstandene neue Geschichtsauffassung hat einerseits das empirische Wissen der Weltgeschichte unermeßlich erweitert und kritisch gesichert; sie befindet sich auf einem noch heute nicht abzusehenden Wege. Andrerseits haben die spekulativen Entwürfe ihre geistig beschränkende Macht eingebüßt. Ob zum Beispiel Zyklen ewiger Wiederkehr oder einmalige lineare Geschichte, das sind nicht mehr zu entscheidende Alternativen. Seitdem der Anspruch eines — sei es metaphysischen, sei es wissenschaftlichen — Totalwissens hinfällig geworden ist, sind an die Stelle jener Alternative zweierlei Verfahren getreten:

Was in ihnen an kosmologisch feststellbarer *Tatsächlichkeit* getroffen wird, ist Frage der Forschung, die ihrem Wesen nach unabschließbar ist. Einlinige Einmaligkeit und kreisende Wiederkehr sind in bezug auf besondere Erscheinungen je zu prüfende und zu bewährende Gesichtspunkte, im ganzen außerhalb des menschlichen Erkennens, das in der Welt grenzenlos voranschreitet und über jede scheinbar abschließende Gesamtauffassung hinaus neue Perspektiven sich eröffnen sieht.

Was sie als *Chiffern* bedeuten, bezieht sich auf mögliche Existenz des Menschen. Dann haben beide, einmalige Einlinigkeit und sich wiederholender Kreis, für dieselbe Existenz in verschiedenen Zusammenhängen ihre mögliche ergreifende Bedeutung: die Linie für den Ernst der ewigen Entscheidung, der Kreis für den Ernst der ewigen Gegenwärtigkeit in der Wiederholung. Der Kampf der Chiffern beginnt in der Situation der Existenz, wenn sie an falscher, weil ins Nichts führender Stelle sich als absolute Gleichgültigkeit behaupten wollen. Es ist nicht der Kampf eines abschließbaren Wissens im ganzen, das sich theoretisch für das eine oder andere entscheiden müßte. Eine solche Entscheidung im ganzen ist, wie sie wissenschaftlich unmöglich ist, so philosophisch sinnwidrig. Sie gehört einer abwegigen Gestalt der rationalistisch ins Leere führenden Philosophie pseudowissenschaftlichen Argumentierens an. Dieses trat leichter in Erscheinung, als die Klärung unseres gesamten Bewußtseins durch die universale moderne Wissenschaftlichkeit und die Wiedererweckung der eigentlich philosophischen Antriebe noch nicht erfolgt war.

IV. Charakteristik und Kritik

1. Die Persönlichkeit im ersten Gesamtaspekt

Die Persönlichkeit Augustins, obgleich fast leibhaftig vor uns, bleibt ein Rätsel. Dieser in seiner Zeit allumfassende, immer schaffende Geist, von unbändiger Leidenschaft getrieben, durchhellt ständig sich selbst, teilt diese Durchhellung mit dem Willen zur vollkommenen Offenheit mit und läßt uns doch am Ende fragend stehen. Sein Wesen scheint Züge von Adel und von Gewöhnlichkeit zu zeigen. Sein Denken bewegt sich in sublimsten Spekulationen und in rationalistischen Plattheiten, ist getragen vom hohen biblischen Gottesgedanken und versagt sich nicht dem Aberglauben. Die großen sachlichen Fragen sind in ihrer Dialektik zugleich Momente seines persönlichen Lebens. Er scheint sich ins Äußerste zu wagen und ist doch fast gefahrlos gebunden in der nicht wankenden Grundgewißheit. Sein Denken bewegt sich in gewaltigen Widersprüchen. Es ist stets aktuell auf seine gegenwärtige Erfahrung und zugleich auf das Eine, worauf alles ankommt, bezogen, wendet sich den gerade begegnenden Gegnern und den praktischen Aufgaben zu. Es erzeugt einen Strom von Schriften anläßlich der wechselnden Situationen und bringt damit im ganzen ein Werk hervor, das mit Recht von ihm selbst als ein großer Zusammenhang aufgefaßt wird und ein Gegenstand der Interpretation seit anderthalb Jahrtausenden ist.

2. Vergleich mit Kierkegaard und Nietzsche

Für uns Gegenwärtige ist ein Vergleich Augustins mit Kierkegaard und Nietzsche lehrreich. Sie alle sind ursprünglich Erschütterte. Sie denken aus ihrer Erfahrung des Menschseins leidenschaftlich, eruptiv, in einem unablässigen Schreiben durch ein Leben hindurch, in starken Wandlungen. Die Unmittelbarkeit ihres Denkens scheint auf der Bodenlosigkeit ihres persönlichen Wesens zu schweben, sie werden nicht Gestalt, sondern erscheinen in vielen Gestalten. — Sie alle denken durch Eindringen in das Ursprüngliche, mit einer Psychologie, die Existenzerhellung ist, mit Lehren, die ihre Funktion in einer Lebendigkeit der Denkvollzüge haben. Sie schreiben mit ihrem Blut. Daher das Erregende und Unnachahmliche in vielen ihrer Sätze. — Sie wagen die Widersprüche, weil sie sich keinem ursprünglichen Impuls versagen, vielmehr jedem folgen, aus dem Drang zur ganzen, umfassenden Wahrheit. Die Vielfachheit und Gegensätzlichkeit der Möglichkeiten in ihrem Denken ist wie das Leben selber. Sie denken jedoch mit einer Intensität, die stets systematisch wird unter Ausbleiben eines Systems. — Alle haben zur Sprache, ohne Absicht, aber mit nachträglicher Reflexion, eine Beziehung des Schaffens. Noch die Sprachlichkeit des Rhetorischen bei Augustin, wie Sprachmanieren bei Nietzsche, sind Vordergründe dieser Lust des Sprechens. — Sie alle haben ein Maximum von bewußter Selbstauffassung und Selbstkontrolle. Augustin schreibt die erste wirkliche Autobiographie und beschließt sein Schriftwerk mit einem kritischen Rückblick (wie Kierkegaard und Nietzsche). Sie bringen dem Leser nicht nur die Sache, sondern auch die Auffassung der Sache in der Reflexion über deren Bedeutung. Weil in ihnen allen die Sache persönliche Erscheinung geworden ist, ist die Selbstdarstellung dieser Persönlichkeiten selber zur Sache gehörig.

Alle Analogien zwischen diesen Denkern bezeugen die Tiefe der Erregtheit, die Fähigkeit zu äußersten Erfahrungen, die Gewalt der Persönlichkeit, die »Modernität« Augustins. Aber sie werden in den Hintergrund gedrängt durch den radikalen Unterschied: Augustins früh einsetzender Wille zum Mitwirken am Bau der Gemeinschaft, seine kluge Weltlichkeit, seine unermüdliche Kraft alltäglichen praktischen Wirkens. In allen Schriften Augustins herrscht eine andere Stimmung als bei jenen großen Erweckern: ein Maß und eine Verantwortlichkeit in aller Leidenschaft. Denn Augustin spricht im Namen und unter der Autorität der christlichen Glaubensgemeinschaft der Kirche. Das konnte er, so wie er es tat, in solcher Freiheit wohl nur in diesem Augenblick der kirchlichen Entwicklung. Kierkegaard und Nietzsche dagegen sind Einzelne, sind Ausnahmen, und wissen sich als solche. Augustin ist begründend, einer Weltmacht zugehörig, er dient der Kirche. Alles ist bei ihm auf eine einzige Wahrheit bezogen, er selbst ist aufgenommen in die Sicherheit der Überlieferung der Autorität. Kierkegaard dagegen steht einsam gegen die Kirche, ein Polizeispion im Dienste Gottes, wie er sich nennt. Nietzsche ist einsam, ohne Gott, grenzenlos fragend und fragwürdig, sucht vergeblich einen Halt in »ewiger Wiederkehr«, in »Wille zur Macht«, in »dionysischem Leben«. Augustins Einsamkeit wird zwar nicht auf menschlichem Wege, aber für ihn als Glied der Kirche aufgehoben.

3. Das kirchliche Denken

a) Größe und Grenze Augustins liegt in seiner Ursprünglichkeit des Denkens der kirchlichen Autorität. Aus dem Ungenügen an der Philosophie wurde er zum Christen im Sinne des Gehorsams gegenüber der Glaubensautorität der Kirche: »Ich würde dem Evangelium keinen Glauben schenken, wenn mich nicht die Autorität der katholischen Kirche dazu bewegte.«

Man fragt wohl, ob Augustin Philosoph oder Theologe sei. Solche

Scheidung gilt für ihn noch nicht. Er ist noch beides in einem, eines nicht ohne das andere. Er weiß sein Denken als frei erst durch den Glauben an Gottes Offenbarung. Für ihn gibt es nicht von vornherein das Problem von Autorität und Vernunft, von Glaube und Wissen als Feinden.

Der Weg Augustins führte ihn von der freien Philosophie, die er nur als leer und unselig erfuhr, zum Offenbarungsglauben, dessen Gehalt und Seligkeit in theologischer Dogmatik gedacht wurde. Aber im Unterschied von späterer Dogmatik steht Augustin noch im Werdeprozeß der Theologie. Er deduziert nicht aus dogmatischen Prinzipien. Denn er hat noch die Aufgabe, die dogmatischen Glaubensinhalte herauszuarbeiten, die noch unklaren Glaubensursprünge zu bestimmtem Glauben zu entwickeln. Oft ist sein Denken, ein Denken gleichsam im Stimmungsraum dieses Offenbarungsglaubens, ein selbständiges, philosophisches, ursprüngliches Denken. Und dies ist ein eindringendes, vergegenwärtigendes Denken. Es ist Philosophie.

Als Christ wurde Augustin der philosophische Denker, der Kirche und Bibel interpretierte. Mit der Vernunft, die er nicht preisgab, erarbeitete er die Glaubenserkenntnis. Das autoritäre Denken, das wir als dem philosophischen entgegengesetzt ansehen müssen, wird hier selber philosophisch, das heißt ursprünglich gedacht. Damit sind bis heute andauernde, immer nur scheinbar gelöste Fragen gestellt. Das Philosophieren, auch wenn es sich dieser Haltung entgegensetzt, das heißt aus einem Glauben denkt, der nicht Offenbarungsglaube und nicht Kirchenglaube ist, hat das dringendste Interesse daran, diesen anderen Glauben nach Kräften zu verstehen.

Das Prinzip der Autorität ist eine Sache größten Gewichts, wirksam in allen Zeiten, unbestimmt in der Gestalt, ob als Moment in der Bewegung oder ob als absolute Starrheit eines Bestandes, ob als lebendige Ergriffenheit oder als Gewohnheit der Tradition, ob als geistige Macht oder als inappellable Instanz, die kraft ihrer Gewalt entscheidet und die Durchführung der Entscheidung erzwingt, ob als Mysterium einer Kirche oder eines Weltreiches (der Staufe Friedrich II.), ob als Dogmatik einer Glaubenswelt oder ob als Prinzip der Legalität der Daseinsordnung. Die Geschichte lehrt, wie Autorität mit anderer Autorität in Kampf gerät, vor allem und maßlos in den christlichen Ländern der Erde. Man sieht, wie Glaubenskämpfer nicht miteinander reden können.

Ohne Autorität ist nicht möglich: ein gemeinschaftliches Leben, ein verbindender Geist, die Erziehung, die militärische Ordnung, der Rechtsstaat und die Geltung der Gesetze. Autorität ist unumgänglich. Ihr Verlust hat zur Folge die Entwertung der Menschen und ihre gewaltsame Ordnung durch den Terror des Nichts. Autorität ist durchbrechbar, während sie zugleich bewahrt und verwandelt wird, aber nur in der Reife des Einzelnen, der den Gehalt der Geschichte in sich zur Wirksamkeit hat kommen lassen. Entartete Autorität erzeugt Aufruhr, in dessen Chaos die Gründung neuer Autorität selten gelingt.

b) Bei Augustin beobachten wir: Die Autorität wird für ihn eine alles übergreifende Macht, weil sie als vom Schöpfer aller Dinge durch seine Offenbarung gestiftet geglaubt wird. Sie wird für Augustin zugleich zur Sicherung in der verläßlichsten Gemeinschaft, die nicht auf menschlichem Vertrag, sondern auf Gottes Menschwerdung beruht. Daher gehören alle Menschen zu ihr. Der Beweis für ihre Wahrheit ist, daß sie die Welt umfaßt, von Spanien bis zum Osten (der alte Gedanke des consensus gentium); Häretiker wie die Donatisten sind nur lokal. Dem Anspruch der Katholizität können nur Torheit oder Bosheit des Eigenwillens vergeblich widerstehen. Der Beweis darf verstärkt werden durch den Zwang, der alle unterwirft. Dieser Beweis der Katholizität ist zwar historisch widerlegt. Aber von ihm ist noch heute ein Rest in dem den katholisch Gläubigen beflügelnden Gemeinschaftsbewußtsein, mit dem er in allen Erdteilen seine Kirche und seinen Kultus wie eine Heimat wiederfinden kann.

Bei keinem Augustinischen Gedanken dürfen wir vergessen, daß er ihn denkt in der unerschütterlichen Gewißheit der Autorität der Kirche, die allein zu Christus und durch diesen allein wiederum zu Gott führt. Augustin vermag Sätze und Gedankenbewegungen ursprünglicher Selbstgewißheit und Gottesgewißheit großartig auszusprechen. Aber es liegt ihm seit der Bekehrung fern, in existentieller Unabhängigkeit — ohne Mittler und ohne Kirche — nur vor Gott zu philosophieren. Er ist geborgen und steht nicht mehr in der Möglichkeit der Verzweiflung: daß Gott nicht sei oder daß er ein Wesen sei, gegen das die Seele im Trotz sich auflehnt wegen der Unerträglichkeit schuldloser Leiden, der Geisteskrankheiten, der mörderischen Verbrechen. Er ist nicht der Mensch als er selbst, mit dem als Menschen in freie Kommunikation zu treten wäre, sondern nur unter der Voraussetzung gemeinsam anerkannter Autorität, jener »anderen Zeugen« des gemeinschaftlichen Glaubens. Sein philosophisches Denken geht in das dogmatische, und beide sind gerechtfertigt nur im kirchlichen Denken.

Es wäre falsch (am Maße der Ketzer, Sekten, Protestanten, die es wagten, der Autorität der Kirche durch die höhere Autorität der ihnen jeweils unmittelbar aus der Bibel aufgehenden — zumeist vermeintlich allein wahren — Glaubenseinsicht zu trotzen), Augustin einen Mangel an Mut vorzuwerfen. Er hat genug Mut in seinem Leben bewiesen. Sein Autoritätsglaube war selbsterworben, nicht aufgezwungen. Er war nicht hineingeboren, sondern hatte ihn in der Bekehrung gewonnen, um in ihn hineinzuwachsen. Er war nicht Gewohnheit, sondern seine eigene positive, erfüllende Wahrheit. Trotz gegen die Kirche wäre für Augustin Selbstvernichtung gewesen. Sie aufzugeben, war so unmöglich, daß es nicht einmal eine Versuchung werden konnte. Er kam nie in Konflikt, denn er war der geistig Mitschaffende dieser Autorität nach ihrer weltlichen Erscheinung. Über jeden Gegensatz, der einen Konflikt hätte abgeben können, war die Kirche übergeordnet. Auch seine radikalsten Gedanken waren von ihm immer noch im Raum der Kirche gemeint.

In Augustin ist in der Tat nicht eine Spur von Neigung zur Unabhängigkeit der antiken Philosophen. Er bedarf und will ein Anderes, von außen Kommendes, an das er sich halten kann. Dies Andere, die Kirche, hat seine Kraft in Augustin, weil er es nicht nur als fertig vorfindet, sondern sie selber denkend mitwirkend konstruiert. Es ist seine Freiheit, die in diesem Denken den Schwung des Wahrseins bringt.

c) Beide — *Kirchenglaube und philosophischer Glaube* — bekennen ihr Nichtwissen. Durch dieses hält sich der *Kirchenglaube* in allen Widersprüchen an die Realität der Kirche als leibhaftiger Gegenwart, der philosophische Glaube an den schlechthin verborgenen, in seiner Sprache durch die Welt immer zweideutigen, in seiner Existenz selbst zweifelhaften Gott. Der *philosophische Glaube* steht in der Leibhaftigkeit seiner je einmaligen, nicht katholischen, geschichtlichen Gegenwärtigkeit, durch die er der eigentlichen Wirklichkeit gewiß werden kann, für die es keine Garantie gibt außer in der Freiheit des Menschen selbst und ihrer kommunikativen Verwirklichung am Abgrund des Scheiterns in der Weltrealität.

Das Nichtwissen erfüllt sich *kirchlich* in der Leibhaftigkeit der einen Kirche, dem Reichtum ihrer Erscheinungen, oder *philosophisch* im Wagnis der existentiellen Geschichtlichkeit aus der Vielheit ihrer sich begegnenden Ursprünge, hingezogen zu dem schlechthin transzendenten, der allgemeingültigen Leibhaftigkeit entbehrenden Einen.

Augustin tat einst den Schritt aus materialistischer, manichäischer, skeptischer Haltung zur wundersamen Spiritualität Plotins, der Wirklichkeit des Geistigen als solchen. Aber sein Wesen brauchte das Greifbare auch für die transzendente Wirklichkeit. In der Schwebe des Nichtwissens zu leben, macht ihn verzweifelt. Er will nicht suchen, ohne zu finden. Aber dann genügt ihm im Überschreiten des Körperlichen nicht das Finden im reinen Geiste. Dieser selbst muß wieder leibhaftig werden. Er wird es durch die Autorität der Kirche und durch diese im Mensch gewordenen Gott Christus.

Alle Philosophie hat sich an eine verborgene und unorganisierte kleine Menschenwelt Einzelner gewendet; ihr war die Frage: wie muß der Staat aussehen, damit die Einzelnen gedeihen können? Augustin ist der Größte derer, die für alle denken wollen, die die Verantwortung des Denkens und ihres praktischen Handelns für die Gemeinschaft aller mit ihrem Wesen meinen übernehmen zu können.

Ist das Selbstpreisgabe der Philosophie oder ist es Aufschwung der Philosophie zur Katholizität? Bei Augustin ist keine Spur von Selbstmord gemeint oder vollzogen. Kein Gedanke ist von ihm verboten worden. Er hat für sein Bewußtsein kein sacrificium intellectus vollzogen. Aber die Katholizität des Denkens hat er nicht erreicht. Was er für katholisch hielt, ist historisch gespalten in viele Kirchen, und die Gesamtheit der christlichen Kirchen ist nur ein Bruchteil der Menschheit.

d) Augustin hat durch sein Denken wirksamen Anteil an den drei Charakteren der Kirchlichkeit, nämlich der *Macht,* den *Denkmethoden,* der *Magie.*

Erstens: Die Souveränität Gottes soll ohne Einschränkung in einer raum-zeitlichen Gestalt wirksam sein. Aus der Erfahrung der menschlichen Ohnmacht erwächst paradoxerweise die für ein Jahrtausend stärkste *Organisation menschlicher Macht.* Sie schließt alles aus, was ihr gegenüber selbständig sein möchte, mit dem Verdikt, es sei Auflehnung gegen Gott. Sie schließt, ihre Arme weit öffnend, alles ein, sofern es mit seiner Besonderheit sich als zu ihr gehörend bekennt.

Augustins Erdenken des Anspruchs der Kirche steigert sich, seitdem er Priester ist. Seine Lebenspraxis wird Boden und Auswirkungsfeld seines Philosophierens. Er steht in der machtvollen geistigen und politisch-realen Entwicklung der Institution, die das Abendland bis zum Beginn der Neuzeit beherrscht hat. Es ist die merkwürdigste Umwendung der Innerlichkeit. Aus der Weltverachtung wird Weltbeherrschung, aus der Kontemplation ein unbeugsamer Wille, aus der Freiheit tiefsten Besinnens der Zwang gewaltsamer Einigung, aus dem Wissen des Nichtwissens und seiner Spekulation ein Lehrbestand, aus der zeitlichen Bewegung des Suchens die Welt der Dogmen, die grundsätzlich unveränderlich, keinem Zweifel ausgesetzt, Voraussetzung, nicht Gegenstand weiter eindringenden Denkens sind.

Die eigene Unterwerfung erzeugt die Neigung zum Unterdrücken, das eigene Opfer die Neigung, vom andern das gleiche Opfer zu fordern. Dazu kommt bei der bleibenden Ungewißheit (da ihre Gewißheit in der tatsächlichen Allgemeinheit des Glaubens einen ihrer Gründe hat), daß es unerträglich ist, das Dasein anderer zu sehen, die die Kirche nicht einmal verneinen, sondern denen sie gleichgültig ist. Diese Unerträglichkeit und das Machtbewußtsein verstärkten jenen Anspruch »an alle«.

Man hat gesagt, daß in diesem Kirchendenken eine Verschmelzung des Christentums mit dem Sinn der imperialen, ordnenden, juristischen und politischen Kräfte Roms stattgefunden habe. Der Ewigkeit des römischen Weltreichs, die die Heiden glaubten und selbst die Christen für die Zeit der Welt nicht für unmöglich hielten, entspräche die Ewigkeit der katholischen, römischen Weltkirche. Aber die Autorität der Kirche war im Vergleich zur Toleranz des römischen Imperiums gegenüber allen Lebens- und Glaubensformen (mit Ausnahme allein der sie selbst verneinenden christlichen) unermeßlich gesteigert und gültig bis in das Innerste der Seele dadurch, daß sie in Anspruch nimmt, Gott spräche allein durch sie. Dadurch ist auch der Staat verpflichtet, wie es Augustin denkt, der Kirche zur Durchsetzung ihrer Forderungen zur Verfügung zu stehen, z. B. gegen die Donatisten, gegen die Pelagianer. Es entwickelt sich die Vorstellung des christlichen Staats, der nicht in eigenem Namen, sondern im Namen Christi seine Gewalt hat und sie für Christus verwendet.

Zweitens: Der Glaube dieser Kirche will allen alles, will katholisch sein. Was immer menschenmöglich ist, so wirkt der tiefe Instinkt der *kirchlichen Denkmethoden* von früh an, das muß seine Rechtfertigung und zugleich Ordnung und damit Beschränkung erfahren: Praktisch hat der asketische Mönch und der weltregierende Kaiser, Ehelosigkeit und Ehe, Kontemplation und Weltarbeit, hat alles seinen Ort. Theoretisch entsteht das bewunderungswürdige Denkgebäude einer complexio oppositorum, das weltbeherrschend werden kann, weil alles in ihm einen Platz zu finden vermag und das nur in einem radikal ist: in dem Anspruch absoluter Geltung der kirchlichen Autorität selber. Nun ist diese allgemeine Form des kirchlichen Denkens nicht zu identifizieren mit dem eigentümlichen Denken Augustins. Dieses ist viel zu leidenschaftlich, um die Ruhe des systematischen Totalwissens anzustreben, viel zu sehr dem je Besonderen hingegeben, um das Ganze anders als in der unbegreiflichen Gotteinheit und Gottesliebe gegenwärtig zu haben. Aber Augustin hat durch seine vielen durchgeführten systematischen Ansätze und durch seine in alles sich erstreckende faktische Widersprüchlichkeit dem kirchlichen Denken die kostbarsten und wirkungskräftigsten Werkzeuge geliefert.

Drittens: Wenn die Kirche alle Menschen einschließen soll, so muß die *Leibhaftigkeit* ihrer Erscheinung allen Bedürfnissen Genüge tun. Augustin verstärkt durch sein kirchliches Denken die Geltung des *Aberglaubens*. Er hat durch seine Lehre, daß das Sakrament der Taufe schon beim Kinde die Reinigung und Wiedergeburt und ewige Seligkeit bewirkt (die dem ungetauft sterbenden Kinde versagt ist), die *magische* Auffassung der Sakramente gefördert.

e) Das Augustinische Leben bedeutet in seiner Weltentsagung zugleich den Willen, allen Menschen den Weg zum ewigen Heil zu zeigen, als Priester für sie zu wirken und kraft der Autorität der Kirche über sie zu herrschen.

Die Augustinische Weltbejahung — Gott sagte am Ende der Schöpfung, daß sie gut sei — gelangt nie dahin, in der Welt selbst den von der Transzendenz her erleuchteten gegenwärtigen Sinn als Erfüllung zu erfahren (außer in den kirchlichen Erscheinungen) und das in ihr entspringende Ethos zu entfalten. Er sieht wohl die glänzenden Tugenden des römischen Opfersinns und der edlen Ruhmbegier in der Hingabe an den Staat, aber sie bleiben für ihn in der Unseligkeit. Augustin sieht nicht und kennt nicht die menschliche Nähe und Treue: weder in der Liebe noch in der Freundschaft. Auch der einzelne Mensch ist für ihn ersetzbar, zwar nicht vor Gott, aber für die anderen Menschen. Gemeinschaft ist nur durch den Glauben oder durch die Pflicht der gegenseitigen Hilfe. Jeder ist völlig einsam, weil er er selbst nur vor Gott, mit Gott, nicht erst er selbst mit und durch das andere menschliche Selbst ist. Einsamkeit ist aufgehoben nicht durch Kommunikation, sondern durch Gott. Selbstliebe geht der Nächstenliebe voran.

Die Kommunikation selber gerät unter die Bedingungen der Autorität. In einer frühen Schrift will er sich noch lieber zu denen halten, die überzeugen, als zu denen, die befehlen wollen. Wenn er einst mit den Manichäern sprach, verlangte er, daß beide Teile sich nicht im endgültigen Besitz der Wahrheit wissen dürfen, wenn das Gespräch einen Sinn haben soll. Von diesen Ansätzen einer anderen Möglichkeit ist nichts übriggeblieben.

f) In der Realität Augustins und der Kirche liegt eine ungeheure Frage. Denn durch sie ist nicht nur bezeugt, sondern auch verdorben der *Wille zur Wahrheit, die verbindet und Frieden bringt.* Bezeugt ist der große Wille in mächtigen Gestalten: Augustin hat den Denkraum geschaffen, in dem Gregor der Große, Anselm und Thomas möglich wurden. Verdorben ist der Wille, weil er heftigere und erbarmungslosere und tückischere Kämpfe in die Menschenwelt gebracht hat als je waren, und weil er, gespalten in sich selbst durch die »Konfessionen«, zu fanatischer Selbstvernichtung gelangte, und weil er nach außen erobernd in Kreuzzügen auftrat, und das alles immer und überall mit dem Selbstbewußtsein, allein im Besitz der einen Wahrheit, nämlich des einen Gottes gültiger Offenbarung zu sein. Damit wurden alle bösen Machttriebe als im Dienste Gottes stehend gerechtfertigt. Was daraus geworden ist, ist hier nicht zu schildern. Daß mit diesen Kräften sich solche Tiefe der menschlich möglichen Fragen, so manche edle Menschlichkeit, so echte, unbezweifelbare Frömmigkeit, ja, auch alles das verbunden hat, was diese bösen Kräfte zum Erlöschen bringen möchte, ist das Unheimliche unserer abendländischen Geschichte.

Von außen wird man nie ganz verstehen, was in dem Menschen echten Kirchenglaubens wirklich ist. Wohl ist die nach außen tretende Erscheinung für uns sichtbar. Wir sehen die Strukturen, die faktischen Methoden der Macht von den sublimen Formen, die die Seelen überwältigen, bis zu den groben Formen politischer Gewalt, wenn sie zur Verfügung steht. Wir sehen nicht, was der sich Opfernde im Tode einsam mit Gott erfährt. Es ist, von außen und psychologisch vergleichbar, so unzugänglich wie das enthusiastische Gehorchen und Sichopfern und Sterben so vieler Kommunisten. Wir stehen einer Macht gegenüber, die die Kommunikation abbricht, sich in sich zurückzieht, alles Sprechen unter der Voraussetzung der eigenen einzigen Wahrheit vollzieht und in entscheidenden Augenblicken die Gewalt gebraucht, die sie sonst demütig verwirft, und die dahin gelangen kann, daß sie ihre Feinde dadurch liebt, daß sie sie totschlägt, daß sie durch Bezug auf Gott das Äußerste, wie das Ausrotten von Völkern und Kulturen (Albigenser-Kriege) und die große Reihe anderer Gewaltakte auf sich nahm.

g) In allen großen Ansätzen Augustins meine ich philosophische Gedankenbewegungen zu sehen, sofern die ewigen Fragen des Philosophierens zur Geltung kommen. Nirgends sonst aber meine ich so erregend, so beunruhigend die Bewegung philosophischen Denkens aus einem philosophiewidrigen Prinzip in der christlichen Kirchlichkeit wahrzunehmen. Er lehrt, das Wirkliche in der Kirchlichkeit auch noch von unserer Ferne her zu sehen durch die Weise, wie er denkend in ihr sich bewegt.

4. *Widersprüche bei Augustin*

Zunächst eine Reihe von Beispielen gewichtiger Widersprüchlichkeiten:

a) *Woher das Böse?*

Augustin verwarf die zwei Urmächte der Manichäer. Denn Gott ist einer. Aber woher dann das Böse?

Das Böse ist das *Nichts*. Weil der Mensch aus Nichts geschaffen ist, ist er sündig. Aber dies Nichts, das keinen Einfluß haben soll (denn dann wäre es etwas), wird doch sogleich eine ungeheure Macht. Was Nichts ist, steht gegen Gott.

Das Böse ist die *Freiheit* des Menschen, die in Adams Fall, und seither in der Erbsünde wiederholend in jedem Menschen, sich gegen Gott wendet. Nicht Gott bewirkt das Böse, sondern der Mensch. Aber Gott hat es zugelassen.

Die Unveränderlichkeit Gottes verlangt das Nichtsein des Bösen. Angesichts dieses Gottes ist die manichäische Substantialität des Bösen selber eine böse Phantasie. Die übermächtige Realität des Bösen aber verlangt Anerkennung ihres Daseins und Erklärung ihrer Herkunft. Augustins Gedanken wollten, je nach Lage, beiden Ansprüchen Genüge leisten. Sie konnten es nur um den Preis des Widerspruchs. Gott ist einer und Ursache von allem, was ist. Gott darf nicht mit der Schuld am Dasein des Bösen belastet werden.

Man hat in unaufhörlichen Diskussionen diesen Widerspruch zur Schärfe und Deutlichkeit zu bringen und ihn aufzulösen versucht, ohne Ergebnis. Gegen den Aufweis des Widerspruchs – das Böse ist bloß Trübung des Guten, ist Mangel und Schatten und das Böse ist eine Macht von überwältigender Wirkung – hilft man sich: Das Böse ist wohl an sich nichts, aber es ist nicht nicht. Denn es ist nichts, weil ihm keine göttliche Idee entspricht. Es ist nicht nicht, weil es getan wird. Weil Augustin das Böse als Folge einer ursprünglichen Handlung – Adams Fall – sehe, so – meinte man – lehre er keinen metaphysisch substantiellen Dualismus, wie die Manichäer, sondern einen ethischen Dualismus, der durch die gottgeschenkte Freiheit in die Welt trat und aufhören wird im Weltende und Gericht. Aber, sagen die andern, Gott habe die Freiheit so geschaffen, daß sie sich gegen ihn selber wenden konnte, ist also indirekt selber Urheber des Bösen – und die Scheidung der Reiche bleibe in den ewigen Höllenstrafen bestehen, nachdem Gott das Weltgericht vollzogen habe. Die manichäisch-iranische Lehre der Scheidung von Licht und Finsternis sei in Umgestaltung in der Tat doch der christlichen Lehre eingefügt.

Durch Augustins Werk geht der Dualismus in mannigfachen Gestalten: Gott-Welt, civitas Dei-civitas terrena, Glaube-Unglaube, caritas-cupiditas, Sünde-Gnade.

b) Die *Weltstimmung* Augustins vollzieht sich in radikalem Widerspruch. Die Welt ist Schöpfung Gottes, ist gut, ist schön wie ein Kunstwerk, die Disharmonien steigern die Schönheit. Selbst das Böse ist im Ganzen ein Element des Guten. Ohne Adams Fall nicht die Herrlichkeit des Erlösers, des Mensch gewordenen Gottes.

Und dagegen: Es ist die höchste Weisheit, durch die Verachtung der Welt nach dem Himmelreich zu streben — jenseits aller Zeitlichkeit. Denn hienieden, so hörten wir, ist unser Friede, sowohl der gemeinsame als der uns eigentümliche, nicht Freude in Glückseligkeit, sondern nur Trost in Unseligkeit.

Wenn aber das Ziel — das Sein bei Gott — allein und ganz im Auge ist, dann gilt: nichts in der Welt darf auf dem Weg uns fesseln, auch nicht Christus, denn »nicht einmal der Herr selbst verlangt, daß wir uns bei ihm aufhalten, sondern nur, daß wir an ihm vorübergehen sollen: An jenen zeitlichen Dingen vollends, die er bloß zu unserem Heile übernahm und ausführte, wollen wir nicht schwächlich haften, damit wir wie im Fluge bis zu dem vorzudringen verdienen, der unsere Natur vom Zeitlichen befreit und zur Rechten des Vaters gestellt hat.«

c) Die *Kirche* ist das Gottesreich, »wir sind seine Bürger«, »alle guten Gläubigen sind erwählt (electi)«. Der Gottesstaat ist die faktische Gemeinschaft der Gläubigen, das heißt der Heiligen. Die reale Gemeinschaft der Kirchenglieder aber schließt faktisch Unheilige und Ungläubige ein. Also wird von Augustin die unsichtbare im Unterschied von der sichtbaren Kirche gedacht. Die wahre Kirche als der ewige vom Anfang bis zum Ende durch die zeitliche Welt wandernde Gottesstaat ist unsichtbar, also als solche nicht identisch mit der sichtbaren Kirche. Dann ist es begreiflich, daß Heilige, Angehörige des Gottesstaats auch außerhalb der Kirche würden leben können.

Diese Unterscheidung wird verschärft mit der Durchführung des Prädestinationsgedankens. Gott in der Freiheit seines unbegreiflich Ratschlusses hat die einen zum Stand der Gnade, die anderen zu Gefäßen seines Zorns bestimmt. Er läßt die zum Stande des Heils Erwählten auch außerhalb der sichtbaren Kirche sein, er läßt ewig Verworfene in der Kirche mitwandern. Erwählte, die außerhalb der sichtbaren Kirche in der unsichtbaren leben, sind unzerstörbar das, was sie dank Gottes Willen sind. Sie sind nicht angewiesen auf die sichtbare Kirche. Dagegen behauptet die sichtbare Kirche (und mit ihr Augustin), daß alle auf die Gnadenmittel dieser Kirche (die Sakramente) angewiesen sind. Diese sind unerläßlich. »Außerhalb der Kirche ist kein Heil«, und damit ist von Augustin wieder die sichtbare Kirche gemeint. Eine unabschließbare Diskussion mit immer neuen Unterscheidungen hat sich an diese Schwierigkeiten angeschlossen. Am Ende aller widerspruchsvollen Gedanken steht die Unerschütterlichkeit des Kirchenglaubens selbst, der sagt: die Kirche ist wirklich und doch unbegreiflich.

Diesem rationalen Widerspruch entspricht in Augustin eine innere Spannung, die nur als Widerspruch aussprechbar und doch sein Leben ist: Er hat im kirchlichen Denken völlige Gewißheit. Die Autorität der Kirche birgt ihn, stützt ihn, beruhigt ihn, beseligt ihn. Aber in seinem Erdenken des ewigen unbegreiflichen Ratschlusses Gottes, der Prädestination jedes Einzelnen, unveränderlich entweder zum Stand der Gnade oder dem der Verworfenheit, überfällt ihn die Ungewißheit. Niemand, sagt er, kann seine Erwählung wissen. Man könnte meinen, Augustin verlasse sich nicht ganz auf die Garantien der Kirche. Die Ungewißheit der Erwählung – die Gewißheit der Kirchengliedschaft, eins schlägt ins andere um. Es bleibt die Unruhe, in der er weder durch Sicherheit (securitas) übermütig noch durch Verzweiflung (desperatio) verhärtet werden will.

d) Augustins *Bibel-Interpretation* ist, wie es scheint, grundsätzlich widerspruchsvoll. Er denkt in der Bibel, was er dort findet, mit der Radikalität, die die Angriffe gegen die Grundlagen der Kirche ermöglicht. Er stellt aber jede Bibel-Interpretation unter die Autorität der Kirche, die die Bibel als solche beiseite zu schieben vermag. Die Frage nach der rechten Interpretation wird allein von der Kirche entschieden. Die Bibel ist Quelle – dann wird sie für die Kirche gefährlich. Die Bibel ist Mittel – dann bestimmt die Kirche ihren rechten Gebrauch. Die Bibel ist wörtlich zu nehmen; die Bibel ist mit dem Geiste aufzufassen.

Nichts ist leichter, als Widersprüche bei Augustin zu finden. Wir verstehen sie als einen Zug seiner Größe. Keine Philosophie ist ohne Widersprüche – und kein Denker kann den Widerspruch wollen. Aber Augustin gehört zu den Denkern, die sich in Widersprüche hineinwagen, von der Spannung ungeheurer Widersprüche lebendig gehalten werden. Er gehört nicht zu den Denkern, die von vornherein auf Widerspruchslosigkeit ausgehen; vielmehr läßt er sein Denken an Widersprüchen stranden, wenn er Gott erdenken will. Augustin läßt die Widersprüche stehen, mehr noch: er treibt sie zum Äußersten. Er läßt die erregende Grenzfrage fühlbar werden, ob und wo wir auf Widersprüche stoßen müssen: nämlich immer dort, wo wir, vom Ursprungs des Seins und dem unbedingten Wollen in uns ergriffen, gedanklich, das heißt sprachlich, uns mitteilen wollen. Weil wir hier sogleich in rationale Widersprüche uns verstrickt sehen, wäre die Widerspruchslosigkeit hier der existentielle Tod und das Aufheben des Denkens selber. Weil Augustin die Widersprüche, die in der Natur der Sache liegen, ergriffen hat, geht von ihm bis heute die erregende Kraft aus. Weil er mit den Methoden kirchlichen Denkens das Maximum der Widersprüche – auch gegen die Natur der Vernunft – in sich aufgenommen hat, ist er den kirchlichen Bedürfnissen unter deren Autorität ohne System in einem höchsten Maße gerecht geworden.

Die befremdenden Widersprüche Augustins sind großenteils zu erklären und damit als unwesentlich zu erkennen aus der Tatsache, daß er sorglos auf verschiedenen Ebenen denkt. Sein kirchliches Denken, dann sein auf Bibel und Paulus gegründetes Freiheitsdenken (seine

Sünden- und Gnadenlehre), dann sein reines, vom Geländer der Bibel und der Kirche sich lösendes Denken haben nicht einen gemeinsamen Ursprung. Wenn man auf einer dieser Ebenen Augustins gesamtes Denken aufzufassen meint und darstellt, rückt das auf der anderen Gedachte ins Beiläufige und Störende.

Man muß ferner eine andere Unterscheidung seiner Denkungsart beachten, die er selber nicht bemerkt. Augustin denkt ursprünglich, ganz bei der Sache, die als solche ihm dann allein maßgebend ist. Augustin denkt aber auch geläufig, je nach der Situation, nach dem Gegenüber und aus der ihm gerade gegenwärtigen geringeren Kraft der Ursprünglichkeit. Es sind gewaltige Niveauunterschiede in seinem Denken, doch so, daß auf den niederen Ebenen vielleicht nicht völlig vergessen, aber doch oft unmerklich geworden ist, was auf den höheren gedacht wurde. Statt um Widersprüche handelt es sich dann um die Höhenunterschiede der Ebenen, auf denen Augustin sich mitteilt, für uns manchmal, als ob er hier und dort ein ganz Anderer wäre. Man kann ihn nicht verstehen, wenn man alles auf dieselbe Ebene nimmt. Die ständige Gegenwärtigkeit des Bibeltextes, das große Gedächtnis ermöglichen es ihm, manchmal allzu geläufig zu reden.

5. Die Werkform

Augustin denkt seit 391 in der Praxis des kirchlichen Lebens, täglich vor kirchliche Aufgaben gestellt, dies aber in dem Bewußtsein des weltumfassenden Raums, der die Kirche ist. Sein Denken ist nicht zerstreut, sondern bezogen auf diese Mitte, mag er noch so sehr in abseitige Besonderheiten geraten.

Diese Denkweise bringt die Werkform hervor. Die Fülle seiner Werke, Predigten, Briefe, Kampfschriften, Lehrschriften, Bibel-Interpretationen, Selbstbekenntnisse zieht hinein in dies ständig bewegte, veranlaßte, beanspruchte Denken.

Er denkt systematisch, aber hat nie ein System erdacht, an dem er festgehalten hätte. Wenn sein Denken ein System ist, so kann es das nur werden durch die Erfüllung der unendlichen Aufgabe, es herauszuarbeiten, so daß jeder Gedanke seinen Platz und Sinn erhielte. Es gibt bei ihm kein systematisches Hauptwerk, dem alle anderen dienen. Dieser Zustand seiner riesigen Werkmasse bedeutet auch äußerlich eine enorme Anregungskraft.

Die Schärfe seiner begrifflichen Bestimmungen entwickelt sich im

Kampfe. Die Auffassung der gegnerischen Positionen und des eigenen Willens fordern die Unterscheidungen, die den Sinn des Kampfes erst zur Klarheit bringen sollen. Diese Kämpfe selber und ihre Begrifflichkeit haben andere Stimmungen, wenn es sich um das Wesen der menschlichen Freiheit handelt (pelagianischer Streit), wenn es sich um das Wesen Gottes, der Transzendenz, handelt (gegen Manichäer und Neuplatoniker), wenn es sich um das Wesen der Kirche handelt (gegen die Donatisten). Es sind jedesmal andere Leidenschaften im Spiel: das Selbstbewußtsein, das Gottesbewußtsein, das Autoritätsbewußtsein. Aber alle beziehen sich auf einander, weil die Entscheidungen des einen Kampfes auch den Sinn des anderen mitbestimmen.

Augustin hat der lateinischen Sprache neue Verwirklichungen geschaffen: die Vollendung der Prägnanz der theologischen Sprache, die Biegsamkeit zum Ausdruck der seelischen Innerlichkeit, der Qualen und Spannungen, das Pathos des Glaubensaufschwungs.

6. Die Persönlichkeit

Dieser hintergründige Mensch, der den ehrlichen Drang hat, sich ganz zu offenbaren, hat doch nicht das Antlitz einer Persönlichkeit, die ganz und gar als sie selbst da ist.

Ein Gesichtspunkt kann folgendes Bild zeigen: Er ist ein chaotischer Mensch, darum begehrt er die absolute Autorität, — er neigt zum Nihilismus, darum bedarf er absoluter Garantie, — er bleibt in der Welt ohne wirkliche Bindung, weder an eine Frau, noch an Freunde, darum sucht er Gott ohne Welt. Solche Gegensatzpsychologie ist vielleicht auf einer Ebene klärend, aber auf ihr wird der Ernst Augustinischen Denkens nicht erreicht.

Ein verwandter Gesichtspunkt kann sagen: Ein Denken wie das Augustins ist nur nach diesem Jugendleben, nicht ohne ein solches, möglich und daher immer noch von diesem Leben als einem von ihm abgestoßenen bestimmt. Die Bekehrung gehört so wesentlich zum Sinn vieler seiner Gedanken, daß sie ohne sie ihre Wahrheit einbüßen. Wem solche Bekehrung fremd ist, kann bei Augustin nicht sein Vorbild finden.

Auch muß das Leben des in den katholischen Kirchenglauben Hineingeborenen und in ihm von früh an Erzogenen gleichsam natürlicher, ruhiger, fragloser sein als das Augustins. Sofern es sich in Augustin wiedererkennt, verschleiert es sich dessen Wirklichkeit und nimmt seine Gedanken nicht in ihrer

Radikalität und Konsequenz, es sei denn, daß es das Dasein des Mönchs oder Priesters verwirklichte.

Die Paulinisch-Augustinische Einsicht in die Unmöglichkeit des Sich-sich-selbst-Verdankens braucht nicht die Stufe des Selbstbewußtseins zu verleugnen, auf der dieses Sich-sich-selbst-Verdanken doch gilt. Sie schließt nicht aus, sondern ein, daß wir im Vordergrunde wissen, wo wir über uns Herr sein können, wo wir Zutrauen haben dürfen zum Grund unserer Liebe, zu dem gottgeschenkten eingeborenen Adel (nobilitas ingenita der Pelagianer). Das kann ohne Übermut (superbia) bleiben, wenn es sich in unserem faktischen Wollen verwirklicht, ohne daß wir in der Reflexion davon zu wissen brauchen und ohne daß wir fälschlich zum Besitz machen, wozu wir Vertrauen haben, aber was wir nicht durch uns selbst zu eigen haben.

In unserem Kampf um das Bild des Menschen, das in der Verwirklichung sich bewährt, ist das Bild Augustins nur *eine* Möglichkeit. Für Menschen wesenhafter Einheitlichkeit, die keine Bekehrung erfahren, aber die philosophische Umwendung lebenwährend erneuern, ist Augustin ein Gegenbild. Er erweckt, aber ist nicht in gleichem Sinne liebenswert wie das Vorbild und der Freund. Man muß verwerfen, wenn es sich um die Frage von Wegweisung und Lebenslenkung handelt.

In seiner Jugend spielen Freundschaften eine Rolle, die Atmosphäre des verbindenden Schwungs in Cassiciacum, wo Monica, sein Sohn Adeodatus und eine Reihe von Freunden leben und die Idee einer philosophischen Gemeinschaft auftaucht — diese Idee selber schon wirkt wie eine leise Andeutung des Fremden: denn was darin gemeint war, erfüllt sich in der universalen Kirche. Es war nicht die Freundschaft gemeinsamen Philosophierens. Denn später wird vollends deutlich, daß Freundschaft für Augustin vielmehr der Einsamkeit der Selbstliebe vor Gott entspringt als bloßes Sichtreffen im gemeinsamen Glauben. Er hat die Freundesliebe als Leidenschaft gekannt, nicht die Treue. In seinem später entschiedenen Kirchenglauben gibt es zwar in der Freundschaft ein Gefühl des Verbindenden der objektiven Gemeinschaft. Aber Treue gibt es nur gegen Gott und die Kirche, sonst nur Einsamkeit.

Es sind in Augustin Züge von Inhumanität, die man zu leicht übersieht (ich wähle das Wort mit Bedacht; man könnte auch von Rücksichtslosigkeit gegen Frauen oder von kaltem Hinweggehen über menschliche Beziehungen reden):

Er selbst berichtet mit erstaunlicher Gleichgültigkeit ohne Schuldbewußtsein (um so auffälliger bei Augustins ständigen Anklagen gegen sich) von seinem Umgang mit Frauen: Seine langjährige Konkubine, die Mutter seines Sohnes, schickt er einfach weg, als seine Mutter Monica ihm die Chance einer gehörigen standesgemäßen Heirat eröffnet. Aber für die Zwischenzeit (bis das noch zu junge Mädchen das heiratsfähige Alter erreicht hat) nimmt er sich zunächst eine andere Konkubine. Wenn Augustin im Rückblick über Frauen spricht, so geht sein Entsetzen stets entweder auf seine Sinnlichkeit oder auf sein Trachten nach einer schönen, standesgemäßen Gattin (uxor): beides ist für ihn Weltlust. Bei dem jungen Augustin ist die Gewöhnlichkeit des Genießens und das Fehlen der Liebe im Verhältnis zu Frauen zu spüren.

Es scheint unmöglich, Augustins Verhalten zu den Konkubinen und die Art seiner berechnend in Aussicht genommenen Ehe (obgleich dies Verhalten durch alle Zeiten und heute millionenfach stattfindet und von vielen stillschweigend als selbstverständlich anerkannt wird) nicht für niedrig zu halten.

Augustin hält — wie schon heidnische Sekten und einige Stellen im Neuen Testament — die Geschlechtlichkeit für an sich böse. Er kennt das sich isolierende sinnliche Begehren in seiner Zügellosigkeit und dann die asketische Verneinung aller Sinnlichkeit. Es scheint wiederum unmöglich, Augustins Loslösung der Geschlechtlichkeit von der Liebe nicht für menschenunwürdig zu halten. Da Augustin entweder zügellos oder Asket ist, kennt er nicht die Achtung der Frauenwürde und verletzt sie in jeder seiner Beziehungen.

Seinen Aufschwung erfährt er einzig in der Gottesliebe. Das menschlich Einfache ist ihm fremd. An seine Stelle tritt das übermenschlich oder unmenschlich Großartige. Er versäumt das menschlich Mögliche um des menschlich Unmöglichen willen. Dieses sucht er dann aber in einer nicht endenden Unruhe, die seine tiefen Blicke und hellsehenden Gedanken hervorbringt, welche ihn uns so kostbar machen als großen Philosophen.

Im Kampf mit dem heidnischen Glauben hat Augustin in der Predigt zur Zerstörung der Götterbilder aufgefordert. In Karthago 401 sagt er: Gott will, daß der heidnische Aberglaube vernichtet werde. In Rom sind die Götterbilder zerschlagen. Er ruft: »Wie Rom, so auch Karthago.« Er wühlt dabei die Masse auf durch Erinnerung an die früheren Christenverfolgungen. Es scheint nicht gleichgültig, daß Augustins Gemüt auch einmal (nur die eine Stelle ist mir bekannt) an den Schändlichkeiten fanatischen Glaubens (heidnischer wie christlicher Art), in Erregung höhnend und hetzend, teilnehmen konnte. Von größter grundsätzlicher Bedeutung aber ist sein Schritt, der ihn von der Freiheit der Verkündigung zum Zwang führte (dem coge intrare). In der Praxis des Donatistenstreits verließ ihn die hohe Menschlichkeit christlicher Liebe zugunsten des Gewalt fordernden Einheitsgedankens der sichtbaren Kirche, ein Symptom jenes Prozesses, der die christliche Liebe hat so zweideutig werden lassen für das Urteil der gesamten, zumal auch der nichtabendländischen Menschheit.

Augustins Persönlichkeit ist den anderen größten Philosophen nur von fern verwandt. Man würde bei ihm nicht vom Adel der Seele sprechen können. Es ist erstaunlich, diese befremdenden Züge bei einem Manne zu finden, der in so vielen seiner Gedanken einzig tiefsinnig ist. Es ist quälend, die Antipathien gegen die von uns nur kurz berührten Seiten seiner Wirklichkeit nicht verscheuchen zu können und nicht verleugnen zu dürfen.

V. Historischer Ort, Wirkungsgeschichte und gegenwärtige Bedeutung

1. *Historischer Ort*

Augustin lebte kurz vor dem Ende der abendländischen Antike in ihrem Untergang. Noch bestand der römische Staat, standen Bauten und Kunstwerke, galten Rhetorik und Philosophie, gab es die öffentlichen Spiele und Theater. Afrika war eine relativ reiche Provinz. Karthago war eine Großstadt: mit üppigem Luxus. Aber der Gesamtzustand war im Verfall. Weder waren die Probleme wachsender Unzufriedenheit innerlich zu lösen (die christliche Sonderkirche der Donatisten vereinte sich mit plündernden Rebellen, den Circumcallionen), noch blieb eine Widerstandsfähigkeit gegen von außen einbrechende Mächte (die Vandalen belagerten Hippo, als Augustin starb). Augustins Leben fällt in den Zeitraum des politisch-ökonomischen Untergangs der westlichen römischen Welt. Es ist, als ob durch ihn im letzten Augenblick der geistige Grund für eine ganz andere Zukunft gelegt wurde. Augustin ist im Verfall des Ganzen die letzte antike Größe. Das Vorhergehende reicht er, es verwandelnd, in seinem Werke einem neuen Jahrtausend dar, das er geistig entscheidend mitbestimmt hat.

Aber Augustin selber dachte und sah es nicht so. Er hat nicht den Untergang der antiken Kultur vorausgesehen. Diese war ihm ebenso fraglos selbstverständlich wie gleichgültig als die eine menschliche Kultur, die es gab. Wenn wir Augustin lesen, müssen wir die römischantike Welt vor Augen haben, nicht etwa die des Mittelalters. In der zunehmenden Not, in der wachsenden Gewaltsamkeit in allen Verhältnissen, in der Verzweiflung an der Welt verwirklichte Augustin eine mutige Haltung, mit der zu leben möglich war. Sie war nicht politisch, nicht ökonomisch, nicht in weltlichen Hoffnungen gemeint, sondern transzendent gebunden allein dem Heil der Seele im ewigen Gottesreich zugewandt. Damit vollzog Augustin abschließend, was in der Philosophie der vorhergehenden Jahrhunderte gesucht, begehrt war und erreicht schien, aber nun ganz anders, auf christlichem Boden, und unter Verwerfung der großen, reinen, unabhängigen Philosophie selber. Und damit wurde Augustin der schöpferische Denker, der, selber über die antike Welt nicht hinausdenkend, dem mittelalterlichen Selbstbewußtsein einer ganz anderen soziologischen und politischen Wirklichkeit den Grund und die geistigen Waffen bereitete. Augustin selber lebte und dachte noch nicht in der weltbeherrschenden Kirche des Mittelalters.

Philosophisch und christlich gehört Augustin einer gewaltigen Überlieferung an. Wirksame Größe ist nie vereinzelt aus dem Nichts erwachsen, sondern getragen von großer Überlieferung, die ihr die Aufgaben stellt. Sie ist neu, weil niemand sonst tat, was ihr gelingt. Sie ist alt, weil sie ergreift, was gleichsam auf der Straße liegt. Es ist falsch, ihre Originalität zu übertreiben, denn sie ist gerade groß im Aneignen des Wesentlichen, und sie ist getragen vom geistigen Ganzen, das vorher war und in dessen Zeitgenossenschaft sie steht. Es ist ebenso falsch, ihre Originalität zu unterschätzen, denn sie konnte nicht erwartet werden: die vorgefundenen Gedanken werden gleichsam eingeschmolzen und in ursprünglicher Lebendigkeit wiedererschaffen. Auch traditionelle Doktrinen der Kirche scheint eine neue eigene religiöse Erfahrung erst gewichtig zu machen. Augustin ist nicht das Sammelbecken aller antiken, philosophischen und christlichen Motive, wie es ein Systematiker wäre, sondern der erneuernd mit der Seele Schaffende, der aufgreift, was ihn bewegt, und dem er eine bewegte Gestalt gibt, die unabsehbar fortwirkend fruchtbar wird. Da er aber dies in der kirchlichen Praxis tut, fluten breite Stoffmassen mit, Durchschnittlichkeiten, die weder systematisch geordnet sind, noch lebendige große Impulse bedeuten.

Die geistige Entwicklung Augustins hat für das Abendland einen vorbildlichen Charakter gewonnen. Er vollzieht in persönlicher Gestalt, was der geistige Prozeß von Jahrhunderten war: den Übergang von der Philosophie eigenständigen Ursprungs zur christlichen Philosophie. In Augustin sind Denkformen der antiken Philosophen angeeignet zum gläubigen Denken angesichts der Offenbarung. In der Wende der Zeitalter, als die Philosophie ihre ursprüngliche Denkkraft verlor in bloßen Wiederholungen, ergriff Augustin im christlichen Glauben als seinem Grunde des Philosophierens die damals originale Möglichkeit. Noch erweckt in der Denkkraft der heidnischen Philosophie, brachte er dem christlichen Denken seine Selbständigkeit auf höchstem Niveau. Kein heidnischer Philosoph seiner Zeit und der folgenden Jahrhunderte läßt sich auch nur von fern neben ihm nennen.

Das lateinische christliche Denken vor Augustin (Tertullian, Lactantius) erreichte noch nicht den Umfang und die Tiefe einer eigenen philosophischen Welt. Was nach Augustin kam, zehrte von ihm. Augustin schuf die christliche Philosophie in ihrer unüberbietbaren lateinischen Gestalt.

Man hat mit Augustin die Theologie in ihrer dogmatischen Entwicklung vom Orient zum Okzident übergehen gesehen. Der spiritualistische Geist der östlichen christlichen Denker blieb wohl ein Moment, aber er bekam jetzt die Stärke realistischer Praxis. Im Abendland ist die große Spannung von Weltverneinung und Weltverwirklichung zur vorantreibenden Kraft geworden. Die Möglichkeit der Weltentsagung, verwirklicht im Mönchtum, das im Zeitalter Augustins sich im Westen ausbreitete und dem er selber zugetan war, lähmte nicht die Möglichkeit einer unendlich geduldigen Aktivität in der Welt. Der Sinn dieser Aktivität blieb zwar das Hinlenken aller Dinge zum ewigen Reich, aber nicht nur durch weltabseitige meditative Vertiefung, sondern durch praktische Arbeit in der Welt. Sie war die Leidenschaft des Kirchenmannes Augustin. Er schuf die Formeln und Gründe, mit denen diese Arbeit sich rechtfertigte. Gemessen am christlichen Orient ist hier der Weg beschritten, der die Aktivität mannigfacher Gestalt immer stärker werden läßt bis zum calvinistischen Berufsgedanken innerweltlicher Askese und bis zur Loslösung dieses Gedankens von dem spirituellen Sinn zu leerer Leistungshaftigkeit des modernen Lebens ohne Sinn.

2. *Wirkungsgeschichte*

Augustin war Abschluß des längst gegründeten und Ursprung des seitdem sich vollziehenden abendländischen christlichen Denkens mit anscheinend unerschöpflicher Nachwirkung. Denn seine Wirkung ist das im Getroffensein von ihm zu neuem ursprünglichem Denken erregte Philosophieren.

Die Wirkung Augustins ist eine doppelte, die seiner alle Häretiker übertreffenden Originalität und die seines unbedingten, durch nichts in Frage zu stellenden Glaubens an die Autorität der katholischen Kirche.

Aus dem ersten Moment kamen die Impulse für die Häretiker. Denn weil Augustin den ganzen Umfang der Widersprüche in sich aufgenommen hatte, konnten sich auf seine Texte nicht nur entgegengesetzte Parteien der Kirche, sondern auch die tiefen, gegen die Kirche sich aufbäumenden Haltungen: der Mönch Gottschalk (9. Jahrhundert), Luther, die Jansenisten (17. Jahrhundert) berufen. Aus dem ersten Moment kamen auch bis heute die Impulse für ein freies, ursprüngliches Philosophieren. Aus dem zweiten Moment aber begründete sich mit Recht die Inanspruchnahme Augustins durch die Kirche fast in allen ihren großen geistigen und politischen Kämpfen. Beides ist begründet: das erste in den je besonderen Denkbewegungen und Sachen, denen Augustin die Kraft gab, das zweite in der beherrschenden Grundgesinnung Augustins. Augustin ist die Einheit der in der Natur christlichen, katholischen Denkens liegenden Polaritäten und Widersprüche. In Augustin liegt der Grund zu fast allem wesentlichen christlichen Denken so, als ob von den großen Kampfpositionen der Folgezeit her aus Augustin immer etwas Partikulares herausgenommen wäre unter Vernachlässigung des Ganzen. Gegner innerhalb der christlichen Welt konnten sich durchweg beide auf ihn berufen.

Geschichte des Augustinismus zu schreiben, das würde zu einer Geschichte des christlichen Denkens überhaupt. Will man sein Wesen fassen, um es im christlichen Denken der Folgezeit wiederzuerkennen, so befriedigt keine Formel: es ist die Tendenz zur Ursprünglichkeit innerer Vollzüge im Gegensatz zu bloß intellektuellen Operationen; — es ist die Radikalität des Durchdenkens; — es ist das Denken aus dem Glaubensgrunde, nicht das Denken der intellektuellen Ableitung aus vorausgesetzten Dogmen; — es ist das Denken, das sich keiner Methode und keinem System verschreibt; — es ist das Denken aus dem ganzen Menschen, das wieder den Menschen im ganzen in Anspruch nimmt.

Der Augustinismus hatte bis zum zwölften Jahrhundert allein die Herrschaft. Mit dem Aristotelismus und Thomismus des dreizehnten Jahrhunderts kam Gegnerschaft und Ergänzung. Thomas' Wirkung aber beschränkt sich auf die katholische Welt. Augustinus Wirkung ist nicht geringer bei Protestanten als bei Katholiken.

Spricht man von Augustinismus in besonderen historischen Zusammenhängen, so meint man nicht das Ganze jenes ständig erwärmten existentiell-psychologischen Denkens (im Unterschied vom methodischen Denken rationaler Systematik und Deduktion), sondern einzelne Lehren: so die Prädestination und die ihr entsprechende Gnadenlehre (Luther, Calvin, Jansenisten) im Unterschied vom Semipelagianismus der Kirchenlehre, — oder die »Illuminationstheorie« des Erkennens im Unterschied von der Aristotelischen Abstraktionstheorie, — oder das Einssein von Theologie und Philosophie (das Verschwinden der Philosophie als unabhängiger Ursprung) im Unterschied von der Stufenlehre, nach der die Philosophie ein selbständig erforschbares Problemfeld wäre, das durch die Theologie überwölbt und ergänzt, nicht verdrängt würde.

3. Augustins Bedeutung für uns

Bei Augustin, wie kaum bei einem anderen, ist die christlich-katholische Glaubenswirklichkeit (nicht etwa Jesus und nicht die Christlichkeit des Neuen Testaments) zu studieren. An ihm vorzüglich lernen wir die mit dem christlichen Denken in die Welt gekommenen Grundprobleme kennen. Wir müssen wissen, soweit das möglich ist, auch wenn wir nicht daran teilhaben, wie der so Glaubende durch Gottes Offenbarung sich gerettet weiß. — Nicht in der schlechten Aufklärung von Reduktion der Kirche auf Priestertrug, Denkirrtümer, Aberglauben, sondern in der Fühlung mit den tiefen Motiven Augustins kann der Philosophierende, indem er seinen wahren großen Gegner findet, die Positionen klären, die in diesem Kampf angemessen sein könnten.

An Augustin studieren wir die Motive der Katholizität in ihrem tiefsten Sinn. Er kannte noch nicht das Unheil, das die Kirche als Institution der Macht und Politik in die Welt gebracht hat, kontinuierlicher, raffinierter, konsequenter und erbarmungsloser als die anderen Weltmächte vergänglicheren Charakters. Augustin nahm teil an der Errichtung der Kirche, die schon da war als verfolgte, eben erst staatlich anerkannte. Er vollzog mit dem Enthusiasmus des Außerordentlichen in statu nascendi, was kirchliches Bewußtsein in seiner relativ reinsten, freiesten, erfülltesten Form sein konnte. An ihm läßt sich auf höchstem Niveau der ewige Gegensatz einsehen, der durch die Kirche hell geworden ist: zwischen Katholizität und Vernunft, zwischen der geschlossenen Autorität und der Offenheit der Freiheit, zwischen der absoluten Ordnung in der Welt als Gegenwart der Transzendenz und den relativen Ordnungen in der Welt als Dasein im Sichvertragen des Vielfachen der Möglichkeiten, zwischen dem Lebenszentrum im Kultus und in der freien Meditation, zwischen der äußeren Gemeinschaft des Betens, in der jeder sich in seine Einsamkeit verschließt, in der er Gott findet, und der Einsamkeit vor Gott, die in der Kommunikation mit Menschen durch den unendlichen Prozeß liebenden Selbstwerdens ihrer Aufhebung zustrebt.

Dann aber ist uns wesentlicher: Aus Augustin gewinnen wir jene uns unerläßlichen Grundpositionen des Gottes- und Freiheitsdenkens, der Erhellung der Seele, und jene Grundvollzüge der Vergewisserung, die auch ohne Offenbarungsglauben ihre Überzeugungskraft bewahren. Mit seinem Denken treffen wir jenen innersten Seelenpunkt, der sich selber überschreitet, von dem her Führung und Sprache kommen, in dem sich Menschen als Menschen begegnen können, auch wenn Augustins Sinn in der Vollendung und Rechtfertigung der absoluten Einsamkeit der Seele vor Gott liegt. Augustin läßt uns teilnehmen an seiner Erfahrung der Grenzsituationen, der Hoffnungslosigkeit des Weltseins als solchen, der Verkehrungen des Menschseins und ihrer Ausweglosigkeit, — und dann ist dies alles aufgenommen nicht in eine Freiheit der Vernunft, die ihren Weg sucht ohne Garantie, in der bloßen Hoffnung auf Hilfe, wenn sie im Ernst tut, was sie kann, sondern in die Gewißheit der Gnade, garantiert durch die kirchliche Autorität und ihrer einen ausschließlichen Wahrheit. Die Großartigkeit der Erscheinung Augustins für philosophierende Menschen liegt darin, daß wir von einer Wahrheit ergriffen werden, die so, wie sie uns ergreift, nicht mehr die christliche Wahrheit Augustins ist.

Für die unabhängige Philosophie bedeutet das Mitdenken mit Augustin: die Erfahrung der sachlichen und existentiellen Koinzidenz seiner Denkbewegungen mit ursprünglich philosophischen, und die kritische Frage, wie diese Denkbewegungen in Loslösung von dem christlichen Glaubensgrund vielleicht nicht mehr dasselbe, aber doch noch wahr und wirksam sind.

Es ist ein ständiges Befremdetsein im Umgang mit Augustin. Wenn wir in seinem Gottesbewußtsein das eigene wiedererkennen, so doch zugleich (wenn wir nicht einige Seiten aus seinem Text isolieren) in einer fremden Gestaltung, die uns entfernt und die Sache, die eben aus der Tiefe sprach, wieder unglaubwürdig macht.

Durch die Größe seines Denkens haben wir in Augustin das eindrücklichste Beispiel für diesen unumgänglichen Tatbestand: den ungeheuren Anspruch, daß der Mensch den Menschen über Gott belehren will, und daß er Zeugen der Offenbarung absolut setzt, die doch für menschliches Wissen ohne Ausnahme selber nur irrende Menschen waren. Wenn in diesem Anspruch auch die Liebe des Menschen zum Menschen wirksam ist, die den anderen an der Glaubensgewißheit teilnehmen lassen möchte, die den Verkündenden selber beglückt, so ist darin doch unumgänglich der Machtwille wirksam, dem ein Unterwerfungswille entgegenkommt, der in dem Hauptpunkt nicht mehr selber denken möchte.

Es ist eine unheimliche Atmosphäre der hochmütigen Demut, der sinnlichen Askese, der ständigen Verschleierungen und Umkehrungen, die durch die christlichen Gehalte wie durch keine anderen gehen. Augustin hat sie als erster durchschaut. Er kannte die Qual des Nichtstimmens, der falschen und verborgenen Motive, — das Dogma von der Erbsünde hat dieses Unheil für das Weltdasein absolut gemacht und gleichsam gerechtfertigt. Dieses Selbstdurchschauen ging weiter durch die christlichen Denker bis zu Pascal, bis zu Kierkegaard und Nietzsche.

I. Quellen

Opera omnia, vol. 1—12; in: Migne, Patrologia Latina, vol. 32—47; Paris 1841—42.

Ausgewählte Schriften, Bd. 1—12 (Gottesstaat, Vorträge über das Evangelium des hl. Johannes, Bekenntnisse, Über die christliche Lehre, Vom ersten katechetischen Unterricht, Vom Glauben und von den Werken, Euchtridion, Briefe, Fünfzehn Bücher über die Dreieinigkeit), Bibliothek der Kirchenväter; München 1911—1936.

Drei Bücher gegen die Akademiker, herausgegeben v. K. Emmel; Paderborn o. J.

Reflexionen und Maximen, gesammelt u. übers. v. A. v. Harnack; Tübingen 1922.

Vom seligen Leben, übers. v. J. Hessen (Phil. Bibl. Bd. 183); Leipzig 1923.

Das Handbüchlein des hl. Augustinus, übertr. v. P. Simon; Paderborn 1923.

Musik, übers. v. C. J. Perl; Straßburg 1937.

Gottes Weltregiment; des Aurelius Augustinus »Zwei Bücher von der Ordnung«, übertr. v. P. Keseling; Münster (Westf.) o. J. (Vorwort 1939)

Selbstgespräche über Gott und die Unsterblichkeit der Seele, latein. u. deutsch v. H. Fuchs u. H. Müller; Zürich 1954

Augustinus. Das Antlitz der Kirche; Auswahl deutsch v. H. U. v. Balthasar; Einsiedeln/Köln 1942.

Augustinus Leben von Possidius, übers. v. A. v. Harnack (Preuß. Akad. d. Wiss.); Berlin 1930.

II. Literatur

Arendt, Hannah: Der Liebesbegriff bei Augustin; Berlin 1929.
Barth, Heinrich: Die Freiheit der Entscheidung im Denken Augustins; Basel 1935.
Courcelle, Pierre: Recherches sur les Confessions de Saint Augustin; Paris 1950.
Gangauf, Theodor: Des Heiligen Augustinus speculative Lehre von Gott dem Dreieinigen; Augsburg 1865.
Hertling, Georg von: Augustin; Mainz 1902.
Holl, Karl: Augustins innere Entwicklung (1922); in: Gesammelte Aufsätze zur Kirchengeschichte, Bd. III; Tübingen 1928.
Jonas, Hans: Augustin und das paulinische Freiheitsproblem; Göttingen 1930.
Marrou, Henri-Irénée: Saint Augustin et la fin de la culture antique; Paris 1937 — dazu Retractatio; Paris 1949.
Mausbach, Joseph: Die Ethik des Heiligen Augustinus, 2. Bde.; Freiburg 1909.
Meer, F. van der: Augustinus der Seelsorger (Übersetzung aus dem Holländischen); Köln 1951
Nörregaard, Jens: Augustins Bekehrung; Tübingen 1923.
Portalié, E.: Saint Augustin; Dictionnaire de Théologie catholique, 3. Aufl.; Paris 1923, I, 2268—2472.
Reuter, Hermann: Augustinische Studien; Gotha 1887.
Schmaus, Michael: Die psychologische Trinitätslehre des hl. Augustinus; Münster 1927.
Scholz, Heinrich: Glaube und Unglaube in der Weltgeschichte — Ein Kommentar zu Augustins de civitate dei; Leipzig 1911.

Karl Jaspers Eine Auswahl

Aneignung und Polemik
Gesammelte Reden und Aufsätze zur Geschichte
der Philosophie. Herausgegeben von Hans Saner.
1968. 518 Seiten. Leinen

Drei Gründer des Philosophierens
Plato – Augustin – Kant. 8. Aufl., 55. Tsd. 1967.
piper paperback. 398 Seiten. Kartoniert

Erinnerungen an Karl Jaspers
Herausgegeben von Klaus Piper und Hans Saner.
1974. 333 Seiten und 2 Fotos. Linson

Kant
Leben, Werk, Wirkung. 1975. SP 124. 230 Seiten

Karl Jaspers in der Diskussion
Herausgegeben von Hans Saner.
1973. 478 Seiten und Frontispiz. Linson

Die maßgebenden Menschen
Sokrates Buddha Konfuzius Jesus. Neuausgabe 1975.
SP 126. 210 Seiten

Karl Jaspers   Eine Auswahl

Nikolaus Cusanus
1964. 271 Seiten und Frontispiz. Leinen

Der philosophische Glaube
Neuausgabe 1974. SP 69. 136 Seiten

Rechenschaft und Ausblick
Reden und Aufsätze. 2. Aufl., 11. Tsd. 1958.
432 Seiten. Broschiert

Schicksal und Wille
Autobiographische Schriften. Herausgegeben von
Hans Saner. 2. Aufl., 11. Tsd. 1969. piper paperback.
186 Seiten. Kartoniert

Vernunft und Existenz
Fünf Vorlesungen. Neuausgabe 1973. SP 57. 127 Seiten

Von der Wahrheit
Philosophische Logik. Erster Band. 2. Aufl., 10. Tsd.
1958. XXIII, 1103 Seiten. Leinen

Serie Piper:

1 Hannah Arendt, Macht und Gewalt
2 Alexander und Margarete Mitscherlich, Eine deutsche Art zu lieben
3 Ich bin Bürger der DDR und lebe in der Bundesrepublik
   Hrsg. Barbara Grunert-Bronnen
4 Christian Graf von Krockow, Nationalismus als deutsches Problem
5 Von Weizsäcker, Dohmen, FitzRoy, Groth, Huber, Jüchter u. a., Baukasten gegen Systemzwänge
6 Aldous Huxley, Die Pforten der Wahrnehmung – Himmel und Hölle
7 Karl Jaspers, Chiffren der Transzendenz
8 Robert Havemann, Rückantworten an die Hauptverwaltung »Ewige Wahrheiten«
9 Rudolf Wassermann, Der politische Richter
10 Hans Albert, Plädoyer für kritischen Rationalismus
11 Friedrich Gulda, Worte zur Musik
12 Hannah Arendt, Walter Benjamin – Bertolt Brecht
13 Karl Jaspers, Einführung in die Philosophie
15 Michael Wertheimer, Kurze Geschichte der Psychologie
16 Hauptworte – Hauptsachen. Zwei Gespräche: Heimat Nation.
   Hrsg. Mitscherlich / Kalow
17 Grebing / Greiffenhagen / von Krockow / Müller, Konservatismus – Eine deutsche Bilanz
18 Leszek Kolakowski, Die Philosophie des Positivismus
19 Carlo M. Cipolla / Knut Borchardt, Bevölkerungsgeschichte Europas
20 Christa Meves, Verhaltensstörungen bei Kindern
21 Herbert Giersch, Kontroverse Fragen der Wirtschaftspolitik
22 Andreas Flitner, Spielen – Lernen
23 Karl Jaspers, Aspekte der Bundesrepublik
24 Biologie und Gesellschaft. Hrsg. Watson Fuller
25 Christian Graf von Krockow, Sport und Industriegesellschaft
26 Karl W. Deutsch, Der Nationalismus und seine Alternativen
27 Gerd Albers, Was wird aus der Stadt?
28 Über Eigentum und Gewalt. Zwei Gespräche. Hrsg. Mitscherlich / Kalow
29 Jesus und Freud. Hrsg. Heinz Zahrnt
30 Hermann Rudolph, Die Gesellschaft der DDR – eine deutsche Möglichkeit?
31 Hans Bender, Telepathie, Hellsehen und Psychokinese
32 Hildegard Hamm-Brücher, Unfähig zur Reform

Serie Piper:

33 Jürgen-Peter Stössel, Psychopharmaka – die verordnete Anpassung
34 Hans Möller, Das Ende einer Weltwährungsordnung?
35 Willy Hochkeppel, Die Rolle der Neuen Linken in der Kulturindustrie
36 Hannah Arendt, Wahrheit und Lüge in der Politik
37 Leonie Ossowski, Zur Bewährung ausgesetzt
38 August Kühn, Westend-Geschichte
39 Theodor Eschenburg, Matthias Erzberger
41 Iring Fetscher, Modelle der Friedenssicherung
42 Über Treue und Familie. Zwei Gespräche
   Hrsg. A. Mitscherlich / G. Kalow
44 Jan Kott, Spektakel – Spektakel
45 Alexander Mitscherlich, Auf dem Weg zur vaterlosen Gesellschaft
46 Anpassung als Notwendigkeit. Hrsg. Johannes Schlemmer
47 Claus Biegert / Diethard Wies, Kinder sind kein Eigentum
48 Marcel Reich-Ranicki, Über Ruhestörer
49 Leszek Kolakowski, Die Gegenwärtigkeit des Mythos
50 Konrad Lorenz, Die acht Todsünden der zivilisierten Menschheit
51 Walter Jens, Fernsehen – Themen und Tabus
52 Robert Heiß, Utopie und Revolution
53 Jacques Berna, Kinder beim Analytiker
54 Karl Jaspers, Kleine Schule des philosophischen Denkens
55 Manfred Bosch / Klaus Konjetzky, Für wen schreibt der eigentlich?
56 Wolfgang Schmidbauer, Sensitivitätstraining und analytische Gruppendynamik
57 Karl Jaspers, Vernunft und Existenz
58 Werkkreis Literatur der Arbeitswelt, Ein Baukran stürzt um
59 Joachim Seyppel, Wer kennt noch Heiner Stuhlfauth
60 Hans Jochen Vogel, Reale Reformen
61 Hans Eggers, Deutsche Sprache im 20. Jahrhundert
62 Erving Goffman, Interaktion: Spaß am Spiel / Rollendistanz
63 Können wir unsere Zukunft überleben? Hrsg. G. R. Urban
64 Friedenserziehung in der Diskussion. Hrsg. Chr. Wulf
65 Hilde Domin, Wozu Lyrik heute
66 Fasil Iskander, Das Sternbild des Ziegentur
67 Ignatij Dworjetzkij, Der Außenseiter
68 Neue Ziele für das Wachstum. Hrsg. J. Schlemmer
69 Karl Jaspers, Der philosophische Glaube
70 Günter Ammon, Psychoanalyse und Psychosomatik

Serie Piper:

71 Hanne-Lore von Canitz, Droge und Sexualität
72 Wolfgang Wickler, Die Biologie der Zehn Gebote
73 K. Thimm / D. Echols, Schwarze in Deutschland
74 E. Ansermet / J.-C. Piguet, Gespräche über Musik
75 Information und Imagination
76 Hannah Arendt, Über die Revolution
77 Erhard Rosenkranz / Rüdiger Jütte, Abschreckung contra Sicherheit?
78 Ingeborg Bachmann, Die gestundete Zeit. Anrufung des Großen Bären
79 Jurij Trifonow, Der Tausch
80 Carl-Ludwig Reichert, Red Power
81 Wolfgang Schmidbauer, Emanzipation in der Gruppe
82 Hospitalisierungsschäden in psychiatrischen Krankenhäusern. Hrsg. von Asmus Finzen
83 Hans Lenk, Wozu Philosophie?
84 Peter Uwe Hohendahl, Literaturkritik und Öffentlichkeit
85 Christian Graf von Krockow, Mexiko
86 Heinz Politzer, Hatte Ödipus einen Ödipus-Komplex?
87 Michael Hereth, Freiheit, Politik und Ökonomie
88 Leonie Ossowski, Mannheimer Erzählungen
89 Ursula Dechêne, Der lange Tod des Fixers P.
90 Hilde Domin, Von der Natur nicht vorgesehen
91 Wolfgang Hädecke, Eine Rußlandreise
92 Gerd Bucerius, Der angeklagte Verleger
93 Hans Jürgen Eggers, Einführung in die Vorgeschichte
94 Marcel Reich-Ranicki, Zur Literatur der DDR
95 Stefan Andres, Wir sind Utopia
96 Carla Henius, Das undankbare Geschäft mit neuer Musik
97 Salcia Landmann, Der ewige Jude
98 Gabriele Wohmann, Sieg über die Dämmerung
99 Margret Boveri, Die Deutschen und der Status quo
100 Hans Küng, 20 Thesen zum Christsein
101 Ralf Dahrendorf, Pfade aus Utopia
102 Die Utopie der Konservativen. Hrsg. F. Grube / R. Richter
103 Jutta Grund, Über die Albernheit von Kindern
104 Günther Bittner, Das andere Ich
105 Catherine Krahmer, Der Fall Yves Klein
106 Stefan Andres, Der Dichter in dieser Zeit
107 Wassilij Below, Zimmermannsgeschichten
108 Die Verachtung des Gemüts. Hrsg. J. Schlemmer

Serie Piper:

109 Leszek Kolakowski, Gespräche mit dem Teufel
110 Felix von Mendelssohn, Psychiatrie am Scheideweg
111 Walter Jens, Die Verschwörung – Der tödliche Schlag
112 Gustav René Hocke, Verzweiflung und Zuversicht
114 Gert Kalow, Hitler – das deutsche Trauma
115 Wassilij Aksjonow, Defizitposten Faßleergut
116 Ingo Richter, Die unorganisierbare Bildungsreform
117 Trutz Rendtorff, Gesellschaft ohne Religion?
118 Haben wir die richtige Medizin? Hrsg. J. Schlemmer
119 Jürg Federspiel, Orangen und Tode
120 Erhard R. Wiehn, Soziale Wirklichkeit als Herausforderung der Soziologie
121 Klaus Konjetzky, Poem vom grünen Eck
122 Theodor Hellbrügge, Die Bedeutung der frühkindlichen Sozialentwicklung
123 Paul Bockelmann, Einführung in das Recht
124 Karl Jaspers, Kant
125 Wolf-Dieter Narr / Hermann Scheer / Dieter Spöri, SPD – Staatspartei oder Reformpartei?
126 Karl Jaspers, Die maßgebenden Menschen
127 Wolfgang Schmidbauer, Heilungschancen durch Psychotherapie
128 Jean Piaget, Das Recht auf Erziehung und Die Zukunft unseres Bildungssystems
129 Fritz Redl / David Wineman, Steuerung des aggressiven Verhaltens beim Kind
130 Christine Koschel, Zeit von der Schaukel zu springen
131 Wladimir Kornilow, Mädchen und Dämchen
132 Barbara Bronnen / Franz Henny, Liebe, Ehe Sexualität in der DDR
133 A. J. Ayer, Die Hauptfragen der Philosophie
134 Wolfgang Wieser, Konrad Lorenz und seine Kritiker
135 Dietrich Rössler, Die Vernunft der Religion
136 Christian Graf von Krockow, Reform als politisches Prinzip
139 Ingeborg Bachmann, Die Hörspiele
140 Leszek Kolakowski, Der Mensch ohne Alternative
141 Der Verlust der Intimität. Hrsg. Johannes Schlemmer
142 Karl Dietrich Bracher, Zeitgeschichtliche Kontroversen
143 Karl Jaspers, Augustin
144 Hans-Martin Gauger, Sprachbewußtsein und Sprachwissenschaft
145 Eugenio Montale, Die Straußenfeder

**Gute Geschichten
für Leser
Geschichten für
gute Leser**

Herausgegeben von
Marcel Reich-Ranicki

Die umfassendste, vielseitigste Auswahl deutschsprachiger
Geschichten des 20. Jahrhunderts: 239 Geschichten von
163 Autoren in 5 Bänden mit 2668 Seiten

Hannah Arendt

Eichmann in Jerusalem
Ein Bericht von der Banalität des Bösen. Aus dem Amerik. von Brigitte Granzow. Von der Verf. durchgesehene und ergänzte deutsche Ausg. 3. Aufl. 1965. 345 S. piper paberback

Macht und Gewalt
Aus dem Engl. von Gisela Uellenberg. Von der Verf. durchges. 3. Aufl. 1975. 137 S. SP 1

Rahel Varnhagen
Lebensgeschichte einer deutschen Jüdin aus der Romantik. Mit einer Auswahl von Rahel-Briefen und zeitgenössischen Abbildungen. 2. Aufl. 1962. 298 S. Ln.

Über die Revolution
Neuausgabe. 1974. 426 S. (SP 76.) Ln.

Vita activa oder Vom tätigen Leben
1967. 375 S. piper paperback

Wahrheit und Lüge in der Politik
Zwei Essays. 1972. 93 S. SP 36.

Walter Benjamin – Bertolt Brecht
Zwei Essays. 1971. 107 S. SP 12.